AF174116

LABORATORIA
ESPACIOS DE INVESTIGACIÓN FEMINISTA

t.me/laboratorialnvestigacion · La Laboratoria · lalaboratoria · lalaboratoria · lalaboratoria

LA LABORATORIA ASPIRA A SER UN PEDACITO DE TIERRA FÉRTIL PARA FESTEJAR Y DEFENDER LA VIDA DESDE LA PALABRA Y LA ACCIÓN.

UNA PARCELA/CHINAMPA/COMPOSTA DONDE PONER EN DIÁLOGO LO QUE HEMOS COSECHADO DESDE LOS TIEMPOS DE NUESTRAS ABUELAS, CON LAS SEMILLAS DE LAS MÁS CHAVALAS, LAS PIBAS QUE COPAN LA CALLE CON POESÍA, REGUETÓN, GRAFFITIS Y ACCIÓN. DONDE NARRAR LAS LUCHAS Y HACERLAS TATUAJE Y SUSTENTO COMÚN.

laboratoria.red

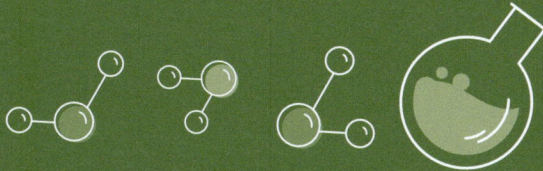

LABORATORIA
ESPACIOS DE INVESTIGACIÓN FEMINISTA

El proceso de investigación y escritura de este cuaderno ha sido financiado por la Rosa-Luxemburg-Stiftung, Oficina de Enlace de Madrid y por la Foundation for Arts Initiatives.

HASTA QUE CAIGA EL PATRIARCADO Y NO HAYA NI UN DESAHUCIO MÁS

DEUDA, VIVIENDA Y VIOLENCIA PATRIARCAL

MYRIAN ESPINOZA MINDA Y
LOTTA MERI PIRITA TENHUNEN

en conversación con el
Grupo de mujeres de PAH Vallekas

PREFACIO

En este segundo cuaderno de sindicalismo feminista hemos decidido poner el foco en un movimiento que ha llamado la atención a nivel internacional tanto por sus formas de organización como por sus logros: el de la Plataforma de Afectadas por la Hipoteca (PAH). El movimiento de vivienda en general y la PAH nos han enseñado numerosas formas de lucha colectiva a base de poner el cuerpo para defender el derecho a la vivienda.

Más concretamente, en este texto escrito a varias manos por mujeres* de la PAH Vallekas, en primera persona, vemos cómo las dinámicas del capital y de la legislación en materia de vivienda impactan directamente en nuestras vidas y cómo se entrelazan con otras violencias estructurales, como la violencia machista. Sin embargo, lejos de presentarse como víctimas, las mujeres* de la PAH Vallekas nos ofrecen herramientas para entretejer alianzas, para poner en práctica lo colectivo desde un sindicalismo social para la vida.

A lo largo de estas páginas, las autoras desgranan cómo mecanismos aparentemente alejados de las vecinas —como puedan ser la ley del suelo, la sociedad de gestión de activos procedentes de la reestructuración bancaria (Sareb) o las sociedades anónimas cotizadas de inversión en el mercado inmobiliario (socimis)— inciden y condicionan las vidas de miles de personas a diario. Ante el entramado de endeudamiento y de culpabilización de las clases populares, desde el sindicalismo feminista de la PAH se propone una respuesta basada en la construcción de un sujeto colectivo de resistencia.

Este feminismo vivencial que describen desde las mujeres* de la PAH Vallekas está cruzado, interseccionado, y sus prácticas organizativas no vienen de los libros. Vienen de las vidas y experiencias que nos narran ellas mismas y que se proyectan en ese tejer conjunto de apoyo mutuo. *Hasta que caiga el patriarcado y no haya ni un desahucio más* ante todo representa una ruptura frontal con el «no podéis, esto es mío» y la demostración cotidiana de que «sí se puede». Con amigas, claro.

Vera Bartolomé, Project Manager.
Rosa-Luxemburg-Stiftung, Oficina de Enlace de Madrid

ÍNDICE

I. INTRODUCCIÓN

NOSOTRAS, LA VIVIENDA Y EL SINDICALISMO FEMINISTA

Elijo esas maneras de ser feministas que tienen como signo de identidad principal el acompañar. Se llaman socorristas. Se trata de feministas compañeras que no hacen del individualismo una moda, sino que se buscan y nos buscamos para sabernos cerca. Que nos encontramos en muchas esquinas y nos reconocemos en el modo de abrazarnos. Las feministas compañeras que andamos los barrios, los juzgados, las plazas, las casas, los comedores populares, los piquetes, las huertas, los campos, las cárceles, las comisarías, las radios, los periódicos. Somos las que decimos y gritamos que no estamos solas. Feministas compañeras. Las que nos llamamos cuando no sabemos cómo seguir andando con las heridas abiertas. Feministas compañeras. Haciendo el aguante en las duras y en las maduras.

Claudia Korol: «El feminismo compañero de las feministas compañeras»[1]

En este texto hemos cosido las experiencias vitales y de lucha de ocho mujeres que nos hemos prestado a reflexionar juntas a partir de recuerdos y conversaciones. Las ocho mujeres participamos en la Plataforma de Afectados por la Hipoteca (PAH) del distrito madrileño de Puente de Vallekas, un grupo local en lucha por la vivienda digna en coordinación con muchos otros colectivos, nodos de la PAH y sindicatos de inquilinos en el ámbito estatal.

El corazón de la PAH son las asambleas de asesoría colectiva, donde todas vamos tomando la palabra para contar nuestros problemas y nuestra lucha por el derecho a la

---

1   Korol, Claudia, y Edda Gaviola (2017): https://issuu.com/pensarecartoneras/docs/a_nuestras_amigas?fbclid=I wAR1iXlAf19Q96IQoewzCx4ckExLj5IXyVEE-Z45cXhwrhMMHXgBvunSPfOM

vivienda, para pedir consejo y pensar junto a las y los compañeros acciones y estrategias, para aportar nuestras ideas y acompañamiento a las demás. Este espacio de puesta en común consigue que vayamos perdiendo la vergüenza —que muchas veces se debe a que hemos llegado con grandes problemas que se entienden como fracaso personal, como la pérdida o imposibilidad de acceder a una vivienda— y que entendamos que esos problemas los comparten miles de personas; que tienen causas económicas y políticas al margen de lo que hayamos podido hacer cada una; que, de hecho, afectan más a unas personas que a otras por motivos de procedencia, clase, sexo, «raza»; que es una cuestión de derechos humanos y de justicia social; y que para enfrentarlos necesitamos a las demás. Porque la mejor manera de defender el derecho a la vivienda de cada una es defender el derecho a la vivienda de todas las personas.

En PAH Vallekas, casi cada semana se organizan acompañamientos y entregas de documentación a sucursales («correbancos»), juzgados o servicios sociales; piquetes Stop Desahucios, en los que nos plantamos en la puerta de la casa de una compañera o compañero para parar el desahucio; reuniones de coordinación para llevar adelante campañas generales sobre leyes de vivienda o frente a bancos y fondos concretos (Sareb, Bankia, Cerberus...). Parar un desahucio en realidad es una forma de ganar tiempo para seguir presionando por una alternativa para la persona que se queda en la calle, sobre todo por un alquiler social en su misma vivienda —un alquiler proporcional a los ingresos de esa unidad de convivencia—. Las campañas sirven para visibilizar el enorme número de personas afectadas por una misma empresa y cómo su situación tiene que ver con decisiones políticas y económicas injustas —por ejemplo, Sareb y Bankia están avaladas con dinero público, pero, como luego veremos, desahucian igual que cualquier banco privado; o fondos buitre como Blackstone y Cerberus, que solo especulan y pagan muy pocos impuestos—. También, en el marco de la campaña Obra Social de la PAH, recuperamos vivienda vacía de grandes propietarios (bancos, fondos, inmobiliarias) para alojar a las compañeras que pierden su casa.

Nuestro movimiento es mayoritariamente femenino. Muchas de las compañeras son migrantes, otras nacieron en España. Algunas arrastran mucho tiempo de precariedad y a otras los problemas les sobrevinieron de repente. Hay personas que no tienen un problema de vivienda acuciante, pero luchan igual; y compañeras que han conseguido estabilidad después de la lucha, pero se han quedado a seguir luchando con las demás. Como reflejo de la composición de nuestro movimiento, cinco de quienes hablamos en estas páginas somos mujeres migradas de América del Sur, tres afrodescendientes y dos hijas de los pueblos originarios; también han participado una compañera migrada del norte de Europa y dos nacidas en España. En términos de edad, cuatro de las participantes tenían entre 40 y 53 años en el momento de las conversaciones; las tres más jóvenes tenían entre 25 y 31 años; y la mayor, 73. Nos parece importante nombrarlo para poder entender nuestras diferencias y celebrarlas, así como trabajar en nuestros privilegios y renunciar o hacer de ellos un arma compartida —y no porque pretendamos que la selección represente a nadie—. Sabemos que muchas de las compañeras que no hablan en estas páginas han vivido experiencias parecidas, pero mientras no lo cuenten no conoceremos la textura singular y las conclusiones vitales que han sacado de aquellos acontecimientos. Quizá la lectura de lo que contamos pueda animarlas a poner sus vivencias en palabras en el futuro.

Las asambleas de asesoría colectiva de PAH Vallekas se organizan semanalmente en el centro social autogestionado La Villana de Vallekas, donde compartimos espacio con muchos otros colectivos, como la Escuelita-Ludoteca, Orgullo Vallekano, la Despensa Solidaria 2.0, BAH, la Taberna, Radio Vallekas, Escuela de las Periferias, clases de castellano, un taller de dibujo y grupos de consumo ecológico, entre otros. Además se realizan muchas actividades, charlas y proyecciones. (Puedes encontrar más información sobre nuestras herramientas de organización y la trama comunitaria que nos une al centro social en el que nos reunimos en las páginas 89-105).

LAS SEMILLAS DEL FEMINISMO

Las Mujeres de PAH Vallekas nos empezamos a organizar en 2016 y tenemos un grupo de Whatsapp creado a inicios de 2018 —poco antes de la segunda huelga feminista convocada en Madrid—. Además de los *encuentros domingueros* —sobre los que ahora contaremos más—, en el último año hemos puesto de manifiesto nuestro deseo de organizarnos mejor: queremos recopilar información y recursos que nos sirvan a la hora de enfrentarnos a situaciones de violencia machista; queremos debatir y acordar juntas algunas pautas básicas sobre el acompañamiento feminista; queremos que los encuentros domingueros que planeamos y convocamos en el grupo crezcan, tomen un ritmo más regular y nos permitan seguir profundizando en el feminismo popular y antirracista que ya ejercemos en nuestra lucha, en nuestras casas y en nuestro barrio.

En los encuentros domingueros hablamos de nuestra vida, nuestros problemas, los choques y las fricciones con el machismo, la alegría que traen las amigas, les hijes, la lucha y sus pequeñas victorias. A veces organizamos talleres en torno a temas concretos y otras compartimos comida y sobremesa. De momento y desde que empezaron a darse en el año 2016, son encuentros de mujeres y no encuentros feministas por decisión nuestra (aunque muchas ya nos hayamos decidido feministas). Esto es así porque nos parece importante recordar que tenemos compañeras que no se nombran feministas y las queremos incluir en nuestra convocatoria. Incluso hay entre nosotras muchas que no saben qué significa el feminismo y no sienten particular necesidad de dar ese nombre a sus prácticas (por mucho que esas prácticas sean, a los ojos de otras, parte del feminismo popular que florece en nuestra lucha). Y es que en los talleres trabajamos «desde y para» lo concreto, no debatimos en abstracto.

El concepto de «sindicalismo feminista» lo hemos descubierto recién, pero desde el primer momento sentimos que resuena con nuestra lucha. En el proceso de investigación que ha dado lugar a este libro, hemos querido preguntarnos qué es y, así, entender mejor las semillas de feminismo y sindicalismo que estamos viendo florecer en nosotras mismas y nuestras compañeras. Muchas mujeres de PAH Vallekas ya incorporamos algunas de estas prácticas en nuestra vida de forma intuitiva, pero queríamos entender mejor cuáles y por qué, y también cómo ayudar a su proliferación de una forma más organizada. Queremos descubrir y poder poner de manifiesto cómo nuestra lucha por una vivienda digna —que es una lucha por derechos sociales— se entrelaza con la lucha en contra de todas las desigualdades sufridas por ser mujeres. Creemos que, gracias al despliegue y la multiplicación de actividades en las que nos sentimos reconocidas, podremos avanzar, disminuir y eliminar dichas desigualdades.

Dicho de otra forma, queremos que la misma conciencia que ya alimenta nuestra lucha por la casa nos empape también a la hora de abordar la cuestión de las labores del hogar, los cuidados, el trabajo asalariado y el trabajo informal. Lo que tradicionalmente conocemos como sindicalismo está elaborado desde la perspectiva de los hombres y para los problemas que se dan en el terreno del trabajo asalariado contractual, al que cada vez menos personas en todo el mundo, y en particular cada vez menos mujeres, tienen acceso. En el concepto «sindicalismo feminista» buscamos un nombre paraguas para todas nuestras reivindicaciones: que los derechos humanos, sociales, económicos, laborales y políticos se elaboren a partir de las necesidades de la mitad de la población mundial no tomada en cuenta a lo largo de la historia. Lo que reivindicamos y buscamos cambiar toca todos los aspectos de la vida: la familia, la vida amorosa, el trabajo, los cuidados —ya sea de les hijes o de cualquier persona—, la salud, la educación, el goce, el cuidado de una misma y las expectativas a las que nos enfrentamos en las diferentes áreas de la sociedad. No tener en cuenta las necesidades de las mujeres —y su lucha por resolverlas— imposibilita el desarrollo de los derechos, porque los pequeños avances que se dan en el terreno legislativo muchas veces se alejan de nuestra realidad y no tienen nada que ver con nuestras necesidades.

Por ejemplo, un porcentaje alto de las reducciones de jornada laboral lo han solicitado mujeres por la necesidad de «conciliar» la vida laboral y los cuidados en el hogar. Esto tiene como consecuencia la pérdida de la oportunidad de promocionarse en el puesto de trabajo y termina aumentando la brecha salarial. Otro ejemplo, el cuidado del hogar y de quienes habitan en él es ya un trabajo en sí, pero no está reconocido como tal. Las mujeres sabemos que las cosas no se limpian solas, los alimentos no se cuecen solos, les hijes no se educan sin nuestro esfuerzo ni se dan cariño por su cuenta. Antes hemos entrecomillado «conciliar» porque creemos que la «conciliación laboral y familiar» es una carga mental añadida a la doble jornada: es una orden que insta a que nos pongamos a organizar la explotación de nuestras propias vidas. Este mandato de autoexplotación es una maraña de contradicciones del capitalismo patriarcal: trabaja para pagar la casa/la deuda; emparéjate para pagar la casa/la deuda; aguanta con tu pareja para pagar la casa/la deuda; aguanta con tu pareja porque no tienes trabajo y perderás a tus hijes; si no aceptas este contrato precario, no podrás pagar la casa; si no aceptas la subida del alquiler, tu familia se quedará sin casa; si te mudas a una casa más lejos y más barata, perderás tus redes; acepta un trabajo de mierda para sostener a tus hijes, pero no veas a tus hijes porque tienes un horario de mierda; no pidas ayuda, ¡qué vergüenza!, trabaja, trabaja, tu pareja y tú podéis con todo; pon tu familia, tu trabajo de mierda y el pago de la deuda por delante y serás considerada una buena mujer. Precariedad laboral, vivienda y redes familiares-afectivas se entrelazan en nuestra vida de una forma muy concreta por ser mujeres. Pero ya nos hemos encontrado y estamos buscando maneras para decir basta.

BIENVENIDAS A ESTE TELAR NARRATIVO

Lo que tienes en tus manos, o en tu pantalla, es un *telar narrativo*. Preferimos llamarlo así antes que un artículo, un informe o un ensayo, porque esos nombres se refieren a otra cosa, a otro mundo de escritura más académica y técnica. También lo hemos llamado sencillamente «texto», ya que la palabra latina *textus* significa «tejido, enlace» y también las acciones de tejer y enlazar. Nuestra metodología ha sido precisamente esa: tejer y enlazar.

En este proceso de costura-investigación hemos usado sobre todo dos puntadas.

La primera es la que hemos utilizado al empezar a investigar(nos): el *hilván;* hilvanar es unir entre sí diferentes telas mediante grandes puntadas cosidas a mano. Esas telas son el tejido de cada una de nuestras historias vitales y en estas páginas hemos buscado unirlas de una manera que refleje cómo se unieron nuestros caminos en la lucha.

La segunda es la que produce la estructura en la que avanza la investigación: el *pespunte*, la costura que se realiza volviendo la aguja hacia atrás después de cada puntada para meter la hebra en el mismo sitio por donde pasó antes. Hacemos pespunte en dos sentidos. Por un lado, porque vamos acompañando el recorrido de cada mujer durante un tramo de su vida para luego volver atrás en el tiempo y acompañar a otras. Por otro, porque con cada historia vital hemos buscado añadir nuevos elementos históricos y analíticos que son relevantes para entender, pensar y poner en un contexto más amplio la lucha por la vivienda y el feminismo situado que nació dentro de ella.

Así, el telar narrativo se divide en 13 breves capítulos. En «La deuda hipotecaria y la promesa de un proyecto vital», nos adentramos en la vida de nuestra primera protagonista, Aisha. A través de su historia, introducimos los elementos biográficos que comparten muchas de las compañeras: la violencia de género en la familia de nacimiento y la migración previa a la adquisición de la hipoteca. Después del naufragio económico que implica el impago hipotecario y el panorama del desahucio inminente, en «Encontrar la PAH y renacer de las cenizas» abordamos cómo Aisha y la segunda protagonista, Libertad, encuentran la lucha por la vivienda. En «La consolidación de la PAH, sus objetivos y su rostro de mujer», analizamos el inicio y las primeras prácticas de la PAH en Madrid, así como la composición femenina de la misma. En el siguiente capítulo, «El despertar de las plazas llega lejos en el tiempo y en la distancia», damos puntadas en el tiempo para volver a contar los primeros años de la PAH desde la perspectiva de las siguientes protagonistas no hipotecadas, Carla y Mina, cuya experiencia se diferencia de las anteriores por edad y momento vital. Acto seguido, en «Privilegios: las migraciones sureñas y norteñas», realizamos un análisis comparativo entre las migraciones de Aisha, Mina y Gicela —a la que recién conocemos— para ver cómo operan las opresiones que intersectan entre sí. Seguimos con un análisis histórico parcial sobre el rescate bancario español en «El rescate bancario: el capital contra la vida», capítulo en el que también presentamos la campaña de recuperación de viviendas vacías de grandes propietarios promovida por la PAH. En «El banco malo, el adversario definitivo», explicamos qué es la Sareb, la entidad creada por el gobierno para el rescate de las cajas y bancos tras la crisis de 2008. En «Mujeres en defensa de la casa común», recapitulamos las cinco experiencias hasta ese momento narradas para ponerlas en el contexto del feminismo intuitivo popular que encontramos presente en nuestra lucha y de ahí avanzamos para narrar el proceso que supuso la huelga feminista entre las mujeres de PAH Vallekas. Profundizamos en algunos conceptos propios del feminismo popular consolidado en PAH Vallekas —como el *acompañamiento*— junto a otros que se han usado en otros contextos feministas —como la *sororidad*— en el capítulo «La burbuja de alquiler y las nuevas alianzas», que cuenta el encuentro entre Mina y Aisha en el acompañamiento que una presta a la otra. En «Rienda suelta a las mafias inmobiliarias» introducimos dos nuevas protagonistas, Angelina y Once, cuyos recorridos ponen de manifiesto algunas de las formas de violencia inmobiliaria más crudas. Conoceremos a la última protagonista, Sole, en «Feminismo intergeneracional en la lucha por la vivienda», capítulo en el que también volvemos al pespunte, pasando nuestro hilo conductor por todas las historias compartidas. En «La desregulación de ayer, la desprotección de hoy» profundizamos en el recorrido y la lucha de Sole buscando puntos de conexión con el panorama histórico de cada vez menos protección a la vida y sus diferentes formas. Terminamos el telar narrativo con «Recogiendo hilos sueltos», capítulo final en el que nombramos los hilos que dejamos sin rematar, porque queremos seguir tejiendo juntas entre las compañeras que habitan estas páginas y las que vienen.

Al final del libro podréis encontrar una «Guía de prácticas feministas para quienes luchan por la vivienda», donde ordenamos, resumimos y valoramos desde un punto de vista feminista las herramientas y los dispositivos de la lucha por la vivienda que han ido saliendo en el telar narrativo.

Esperamos que nuestros aprendizajes, éxitos y fracasos, las historias de nuestro encuentro, alianza y apoyo mutuo puedan ser de utilidad a las compañeras de todas las luchas. Esperamos haber sabido contar cómo nuestras vidas y nuestras luchas están atravesadas y condicionadas (para lo malo y para lo bueno) por el hecho de ser o ser percibidas como mujeres y cómo es necesario enfrentar los roles y las expectativas de género que se nos imponen (y que nosotras a veces también nos autoimponemos) tanto para ser dueñas de nuestro destino en la lucha y en la vida como para minar un sistema injusto que utiliza (y alimenta) esas identidades de género tradicionales para mantener las desigualdades materiales, económicas y políticas entre hombres y mujeres, y entre mujeres de distinta procedencia y «raza».

En el barrio de Vallekas (Madrid), a 13 de diciembre de 2020,
Myrian Espinoza Minda y Lotta Meri Pirita Tenhunen,
integrantes del *Grupo de mujeres de PAH Vallekas*

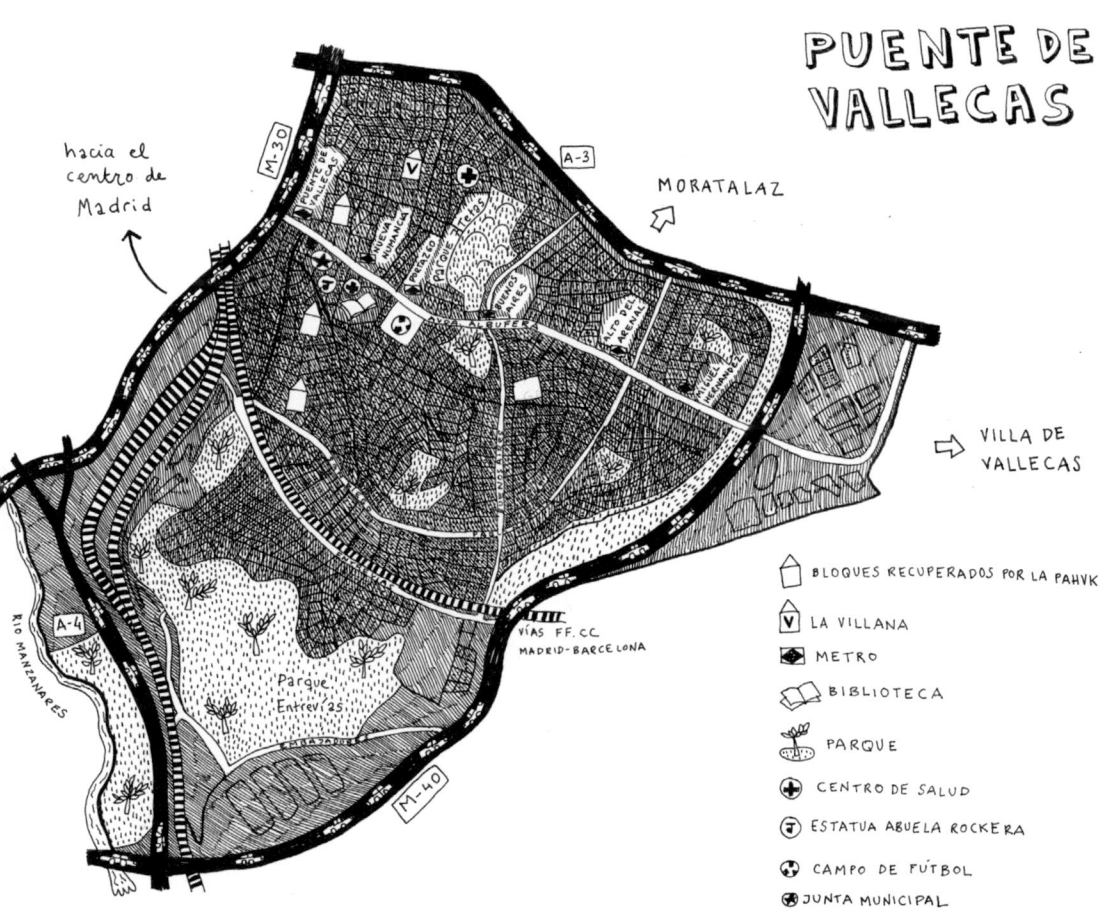

II. LO QUE APRENDIMOS LUCHANDO JUNTAS EN EL MOVIMIENTO DE VIVIENDA

1. LA DEUDA HIPOTECARIA Y LA PROMESA DE UN PROYECTO VITAL

Empezamos con la historia de Aisha. Fue la hija mayor de una familia de siete hermanas en Ecuador. Su infancia estuvo marcada por la constante violencia física de su padre contra su madre; en casa cualquier discusión entre sus padres terminaba con su madre con los ojos hinchados y amoratados. Presenció varios intentos de asesinato, cuando no con el revólver, con un cuchillo, un palo, un destornillador. Aisha se sentía impotente y llegó a preguntar a su madre por qué no dejaba a su padre. Su madre le contestó que su mayor temor era dejar a sus hijas con ese hombre, que sería como abandonarlas, que eran muy pequeñas y que ella sin sus hijas no podría vivir. Añadió que tampoco se podía ir con ellas, porque no contaban con ningún recurso económico. Su madre apenas había terminado la educación primaria.

Aisha se repetía una y otra vez que eso no le pasaría a ella. Con diez años ya había decidido que, si en un futuro tenía un esposo, dejaría la relación a la mínima muestra de maltrato, tristeza o sufrimiento. Además, pese a sus pocos años, había asumido con resignación el papel de segunda madre y era la hermana responsable cuando su madre no se encontraba en casa. Lo que estaba viviendo le hizo desear en varias ocasiones la muerte de su padre, si bien, como cualquiera a su edad, deseaba sentir el amor paterno y también sentía cariño por ese hombre. Aisha se aferraba a los juegos compartidos, al recuerdo de su padre madrugando para ir al trabajo y traer un sustento a casa…, pero vivía en un dilema constante entre el amor y el desamor hacia su padre y un nudo difícil de entender formado por amor, compasión y reproche hacia su madre por permitir que Aisha y sus hermanas sufrieran tanto. La infancia que le tocó vivir le hizo sentir desde muy pequeña que por ser mujer ya había nacido con cargas y responsabilidades no solicitadas[2].

---

2   Sin embargo, Aisha resalta que siempre resistió a romperse por el abuso, que no dejaba de ser una niña y nunca perdió la alegría de estar con sus amigas ni las ganas de ayudar a la demás gente. En la actualidad, con más de 40 años, siente que ha perdonado a su padre y a su madre. La madre, cuando solo quedaba en casa la hermana más pequeña, por fin tomó la decisión de divorciarse. Hoy en día vive con su hija en una ciudad distinta a la de su maltratador y exmarido.

A los 20 años, Aisha tomó la decisión de migrar impulsada, como tantas otras, por el deseo de huir de la jaula de la familia y la sociedad patriarcal hacia una mayor libertad y autonomía. Por otro lado, quería mejorar la economía familiar y, si se iba, podría ayudar a su familia a salir adelante. Inició el viaje con la incertidumbre de no saber si podría acceder a España, el país que había elegido como destino. Para hacer frente a los gastos del viaje y el alojamiento inicial, había contraído una deuda importante para una joven de su edad. Logró entrar en España como turista y de esos primeros meses en el otro lado del océano recuerda lo feliz que se sentía de haber dejado atrás la opresión familiar, que la obligaba a comportarse de tal o cual forma por «el qué dirán» de la sociedad. Sentía que por fin era responsable de sí misma y solo de sí misma. Era dueña de sus actos y no el títere que la sociedad proyectaba en ella como mujer, negra, latina e inmigrante. Todos aquellos descubrimientos, sin embargo, no significaban que no sintiera tristeza por dejar atrás todo lo que había sido su mundo. También cayó en la cuenta de que su emigración, al igual que la de otras mujeres que conocía, podía parecer algo voluntario, cuando en realidad muchas veces venía dictada por las condiciones opresivas económicas, familiares y sociales.

Aisha trabajó duro para progresar económicamente y aportar a la familia que había dejado al otro lado del charco. «Acepté cualquier tipo de trabajo y cuando digo "cualquiera" me refiero a cosas que no requerían la documentación reglamentaria —cuenta Aisha— y, por supuesto, eso implicaba que ganaba la mitad de lo que sería el salario normal o incluso menos». No se pudo permitir rechazar ningún tipo de ingreso: trabajó en servicio doméstico, mayoritariamente de interna y esporádicamente de externa. Así pagó la deuda migratoria a la prima que le había prestado los recursos necesarios, se mantuvo a flote en Madrid durante cinco años y además enviaba dinero a su madre. En uno de los hogares en que llevaba en aquel entonces ya tres años trabajando, sus jefes le ayudaron a solicitar la residencia por arraigo social[3]: aportaron los documentos que certificaban que Aisha trabajaba para ellos y afirmaban que estaban dispuestos a pagar la Seguridad Social por su trabajo. La realidad fue que dicha cantidad la asumió Aisha, descontándosela de su sueldo cada mes. Así pasó de no tener papeles a ser residente legal. Al poco tiempo, la contrataron en un McDonalds en la plaza central madrileña, la Puerta del Sol, y durante un año compaginó su trabajo de servicio doméstico por las mañanas con preparar y vender hamburguesas por las tardes.

A los tres años de vivir en España, conoció al que sería el padre de su hija. Empezaron a querer un hogar compartido y en 2006 se decidieron por una hipoteca. «Fue el momento en el que entramos en la trampa de la rueda financiera y caímos de lleno en una deuda prácticamente de por vida al solicitar una hipoteca», cuenta Aisha. El contrato hipotecario fue concedido a la unidad familiar —a la pareja— por la caja de ahorros Caja Madrid, que

---

3   El «arraigo social» fundamenta una de las autorizaciones de residencia temporal por circunstancias especiales. Se concede a quienes, sin nacionalidad española, lleven tres años en el país y tengan vínculos familiares, o bien puedan demostrar activamente que participan en una comunidad social, siempre que cuenten con un contrato de trabajo firmado por el trabajador y el empleador para un periodo no inferior a un año.

publicitaba la Hipoteca Joven como todo beneficio. «Era relativamente fácil, porque no hacía falta tener ahorros y te financiaban el 100 por ciento del crédito hipotecario más los gastos de notario, las escrituras, el Registro de la Propiedad y las gestiones administrativas —describe Aisha—. Para una pareja de migrantes, los dos asalariados en trabajos precarios pero con ingresos fijos mensuales, eso era una oportunidad de progreso…, pasar a ser propietarios en lugar de inquilinos». Pero lo que más influyó en la decisión fue que, como inquilinos, Aisha y su pareja pagaban 600 euros cada mes por un estudio de reducidas dimensiones, mientras que adquiriendo el crédito hipotecario pasarían a ser propietarios de un piso con tres dormitorios, baño, cocina y salón, en total 65 metros, por esos mismos 600 euros mensuales. Parecía lógico hacer ese cambio; cómo no, ya que esa «lógica» la respaldaban cada día todos los canales de televisión, todos los diarios, todos los políticos e incluso estaba en boca de todo el vecindario y los compañeros de trabajo.

Tras la crisis financiera de 2008, en 2009 Aisha y su pareja se quedaron en paro. Resistieron como pudieron hasta 2010. Finalmente, la reducción drástica de ingresos y las cada vez más frecuentes discusiones, que se volvían agresivas, hicieron que Aisha decidiese cumplir con lo que hacía mucho se había prometido a sí misma: dejar una relación en la que ya no era feliz y en la que temía que se desencadenase la violencia machista en cualquier momento. Él abandonó la casa hipotecada y, al dar el portazo, también se lo dio a su hija y a todas las responsabilidades económicas relacionadas con ella. Aisha intentó por todos los medios seguir pagando la hipoteca, pero no hubo manera. Acudió a la sucursal bancaria a pedir una carencia mientras seguía en paro, pero recibió un no contundente como respuesta. Fue la respuesta con la que se encontrarían cientos de miles de familias hipotecadas en los siguientes años[4].

2. ENCONTRAR LA PAH Y RENACER DE LAS CENIZAS

Cuando nombramos la crisis hipotecaria española del año 2008, nos imaginamos que una parte de quienes lo leen recurre en su memoria a la explicación oficial: hubo falta de liquidez en las entidades bancarias del reino de España y —claro, porque el funcionamiento de nuestra sociedad se basa en la actividad financiera que alimenta la economía— el Estado y hasta la Unión Europea tuvieron que empeñarse en salvarlas de la quiebra a costa de lo que fuera. Hasta aquí la ironía. Para las compañeras hipotecadas, hablar de esa crisis es hablar de cientos de miles de crisis vitales profundas en las que se repite una y otra vez el mismo patrón común: la pérdida de empleo total o parcial y por lo tanto el paro o la disminución de ingresos; muchas veces la ruptura de la pareja tensionada por la presión económica, ya sea por decisión mutua o como abandono, que implica asumir la deuda sola; en otros casos, un recrudecimiento de los problemas de

---

4   De la relación de poder entre el deudor y el acreedor, cabe señalar que, frente a ese «no», a las personas hipotecadas «las deudas no nos dejan decir no cuando queremos decir no». Nos lo recuerdan Luci Cavallero y Verónica Gago en *Una lectura feminista de la deuda* (2019, p. 91).

pareja y un aumento de la violencia en el hogar. El primer síntoma visible de la presión a la que se sometió a las personas hipotecadas —y en particular a las mujeres— fue el sufrimiento psíquico, que se manifestaba de múltiples maneras; las más frecuentes: cambios de humor, depresión, insomnio, ansiedad, sentimiento de inseguridad, miedo al futuro, falta de apetito y trastornos alimenticios. El horizonte aterrador, presente día y noche, era la pérdida de la casa por impago.

Para quienes no encontraron la lucha colectiva, ese miedo se hizo realidad rápidamente. A las que sí luchamos nos tocó cuestionar nuestro proyecto vital y, muchas veces, separar la función de la casa de la titularidad propietaria. Pero, como fuera que termináramos afrontando la situación, todas las personas que atravesamos ese periodo —aproximadamente entre 2008 y 2014— con una hipoteca firmada tenemos grabado en el cuerpo el recuerdo de un tiempo de adversidades amontonadas. Según datos del Consejo General del Poder Judicial[5], entre los años 2008 y 2010 se ejecutaron 245.641 desahucios hipotecarios. En esos años se dispararon en las estadísticas los suicidios por causa económica (y en las manifestaciones gritábamos: «No son suicidios, son asesinatos»). En este panorama nació la Plataforma de Afectados por la Hipoteca. Su primera aparición se dio ya en febrero de 2009 en la ciudad de Barcelona, desde donde se propagó a otras ciudades y en pocos años llegó —movimiento 15M mediante— a contar con hasta 250 nodos locales en toda la geografía española. Algunas de las compañeras que participaron del nacimiento del movimiento, en particular en su nodo en el barrio de Vallekas —en el sur de Madrid—, fueron Aisha, cuya historia ya hemos contado, y Libertad. Ellas dicen: «Fuimos de las que sobrevivimos para contarlo».

Libertad tuvo una infancia marcada por el trabajo duro, la omnipresencia del riesgo de abuso y la falta de atención por parte de su madre. A partir de los 10 años, sufrió en varias ocasiones intentos de abuso sexual por parte de un familiar cuando visitaba su casa. Estos intentos se sumaron al abuso que sufría esa misma época por parte de su abuelo, quien aprovechaba la responsabilidad de llevar a Libertad a la escuela para violarla en el camino. Además, en ese momento el abuelo le dio a entender que ya había abusado de ella anteriormente, cuando era demasiado pequeña como para recordarlo. A nuestra compañera le costó —aún le cuesta enormemente— poner ese recuerdo horroroso en palabras, pero a día de hoy prefiere verbalizarlo y explica lo que le aporta: «Me siento liberada y menos culpable». Describe a su madre como una mujer seca y poco cariñosa que le obligó a compaginar el trabajo infantil en un taller de encuadernación de libros —desde que tenía 12 años— con sesiones de estudio nocturno. La única pasión que pudo disfrutar nuestra compañera fue la de la música y el baile. «La parte bonita de mi adolescencia era salir a bailar los fines de semana —recuerda—, siempre y cuando hubiera sido responsable con lo que mi madre demandaba». También tocaba la guitarra,

---

5   Véase en epdata: «Desahucios, estadísticas, datos y gráficos. España»: https://www.epdata.es/datos/ desahucios-estadisticas-datos-hoy-graficos-cgpj/230/espana/106

en particular pasillos y boleros que aprendió con su padre, con el que siempre tuvo una relación cariñosa y respetuosa. Transcurrió el tiempo y al llegar a los 18 años conoció a quien más adelante sería su pareja y padre de sus hijos. Sus padres se opusieron a la relación y Libertad se agobió tanto con el aumento del control que escribió una carta e ingirió pastillas pensando en terminar con su vida. No hicieron efecto —algo que, a día de hoy, Libertad celebra— y en poco tiempo finalmente se pudo independizar de sus padres. Su pareja no tardó en ser aceptado como un miembro más en la familia.

En el 2000, Libertad y su pareja llegaron a España empujados desde su país de origen por la misma crisis económica que impulsó la migración de Aisha. Se instalaron como cuidadores internos de un chalet de segunda residencia en las afueras de Madrid. Habían dejado atrás a sus dos hijes y, como recuerda Libertad, «les echábamos de menos terriblemente». Tras dos años de trabajo, pudieron reunirse toda la familia y necesitaron poner fin a su vida como cuidadores internos. A través de la jefa de Libertad, consiguieron un alquiler en la zona de El Carmen. Esta, ahora convertida en casera, les aplicaba arbitrariamente una subida de alquiler cada siete meses, más o menos. «En ningún momento nos hizo un contrato por escrito —cuenta Libertad—, todo se mantenía gracias a un acuerdo de palabra». Y así, la mensualidad llegó a subir a 700 euros, pese a que compartían el piso con otra pareja.

En 2003, Libertad y su pareja decidieron pedir una hipoteca para salir de esa situación. La solicitaron en Caja Madrid —igual que Aisha y su pareja—, porque esta entidad ofrecía hipotecas que cubrían el 100 por ciento del precio de la vivienda y todos los gastos asociados[6]. Caja Madrid les concedió la hipoteca y buscaron un piso en Vallekas, poniendo así fin a su alquiler. En aquel entonces, Libertad trabajaba en cuidados domésticos. Por desconocimiento, aceptó recibir en mano la cantidad destinada a la Seguridad Social, para hacer frente a la mensualidad de la hipoteca más holgadamente. De este modo, renunció a sus derechos de cara a la Seguridad Social, algo que a día de hoy ve como un error. «Lo que pasaba era que me dedicaba a trabajar exclusivamente para pagar la casa —cuenta Libertad—. Las mensualidades iniciales eran de 750 euros, pero luego nos las subieron hasta 1.500 euros —explica—. Y yo no conocía mis derechos, me veía exclusivamente como una generadora de ingresos».

Los problemas para pagar la hipoteca empezaron cuando su esposo perdió el trabajo, a inicios del año 2011. Intentaron hacer frente a la mensualidad hasta que su esposo tomó una decisión sin contar con ella: mintió a Libertad y le propuso que, para salir de los problemas económicos, firmaran un divorcio de conveniencia y trasladaran la propiedad que tenían en su país de origen a nombre de los hijos. Libertad, conforme con el plan,

---

6   Estas hipotecas se concedieron de manera generalizada durante los años de la burbuja hipotecaria española. Eran hipotecas de alto riesgo, muy semejantes a las hipotecas *subprime* estadounidenses, orientadas «a clientes con escasa solvencia, y por tanto con un nivel de riesgo de impago superior a la media del resto de créditos». Véase «Crisis de las hipotecas subprime», en *Wikipedia:* https://es.wikipedia.org/wiki/Crisis_de_las_hipotecas_subprime

firmó todos los documentos que le trajo. El engaño estaba en que en esos papeles su esposo transfería para sí mismo todos los poderes sobre los bienes inmuebles que habían compartido, en total tres casas. Así, él se quedó las propiedades ya pagadas y ella, la hipoteca. Cuando nuestra compañera se dio cuenta de la estafa, se sintió como un mero objeto. «Me convertí en un florero, así de objeto, así de frágil». A raíz de este abandono, reflexionó mucho y se dio cuenta de que su pareja siempre había actuado de forma controladora, tanto con ella como con sus hijos. Para el año 2012 el divorcio ya estaba consumado y, al final, afortunadamente, Libertad pudo quedarse con su parte de la propiedad en común gracias a que se defendió en el juicio.

Ese mismo año de 2011, Aisha se encontraba hundida en la depresión y la ansiedad. «En ese momento, no hubo otra cosa que tristeza y sentimiento de fracaso —describe Aisha—. Me sentía como un animal enjaulado. Tenía ganas de acabar con todo, nada tenía sentido, nada importaba». Resistió y recuerda haber percibido el revuelo social y político del movimiento 15M como quien ve algo de reojo pero no puede apartar la mirada de lo que tiene enfrente: su hija de dos años y una hipoteca impagable. Por fin, buscó ayuda, recurrió a la sanidad pública y los servicios sociales y pudo empezar a buscar salidas. Para finales de 2011, había conseguido información de la PAH en Internet después de ver a su portavoza en la tele y ya había acudido esporádicamente a las asambleas de la primera PAH madrileña, que tenían lugar en Ventas. Allí llegó también Libertad, cargada con mucha amargura, después de conocer la Plataforma por su jefa, que la quiso ayudar cuando se enteró de la situación en la que se había quedado tras al divorcio. Libertad explica cómo fue su inicio en la Plataforma: «Llegué con mis papeles bajo el brazo a contar mis penas». Conoció a muchas compañeras que aún siguen activas en la PAH, con las que mantiene el contacto. Se sintió acogida, escuchada. «Lo que recuerdo de la primera vez que pisé una asamblea es que en la PAH no había abogados —cuenta Aisha—, que el trabajo que allí se desarrollaba era apoyo mutuo». Ella y muchas de las afectadas conocieron así, por primera vez, una organización de base. A Aisha le pareció que el planteamiento tenía mucho sentido y se ofreció desde muy pronto a ayudar en las tareas organizativas.

En poco tiempo se empezaron a organizar las asambleas locales. Las dos compañeras, que ya habían coincidido en Ventas, volvieron a verse en las primeras asambleas de la comisión de vivienda de la Asamblea del 15M-Vallekas, que luego se convertiría en PAH Vallekas. Se organizaron en los bajos de un «edificio recuperado»[7] en el barrio de Nueva Numancia[8]. «Todo fue cordial y acogedor, pero poco estructurado», explica Aisha. El

---

7   La campaña de recuperación de viviendas vacías de grandes propietarios recibe el nombre de Obra Social de la PAH. El objetivo es regularizar la situación y conseguir alquileres sociales, esto es, alquileres ajustados a la renta de los habitantes.

8   Además de las primeras asambleas del grupo de vivienda, este edificio acogía a algunas personas provenientes del proyecto Ferrocarril Clandestino y la Oficina de Derechos Sociales del Centro Social Seco, que en ese momento estaban en vías de abrir un nuevo centro social que se acabaría llamando La Villana de Vallekas: https://www.lavillana.org/

traslado de una asamblea a otra le resultó agradable, ya que había un ambiente más cercano. «Poco a poco fui confiando más y más en el movimiento, me fui impregnando de ese sentimiento de protesta y no sumisión». Le importaba conservar un techo para su hija y para ella, pero pronto empezó a reconocer que ya se sentía parte de algo, independientemente de si lograba su objetivo personal. Libertad también decidió quedarse en el grupo local, «porque me dio esperanza». Lo que más recuerda fue descubrir que la vasta mayoría de las personas que acudían a las asambleas eran mujeres. Es más, en las narrativas que compartían con el resto de las afectadas, se repetían los mismísimos elementos con los que ella cargaba: el abandono afectivo y económico del marido, la sobrecarga absoluta al encontrarse haciendo frente a los cuidados y la hipoteca en una situación de paro generalizado, el acoso de los banqueros por el impago sobrevenido y el desconocimiento sobre su contrato hipotecario, que aumentaba la culpa y reducía la autoestima y confianza en una misma a cenizas. Sin embargo, ver cómo las mismas experiencias se repetían en boca de tantas otras mujeres llevó a Libertad a plantearse que «quizá no se trataba de que yo fuera tonta», como dice ella misma. Esa culpabilización de las endeudadas quizá ayudaba a difuminar el hecho de que, mientras ellas luchaban para salir adelante, Caja Madrid ya estaba en quiebra, una entidad que se convertiría en un agujero insaciable de fondos públicos, como más adelante veremos.

Así, las vidas de Libertad y Aisha recorrieron caminos paralelos desde que llegaron a España a comienzos de los 2000. Las dos habían migrado por la crisis y la dolarización de Ecuador y habían llegado para buscar un futuro mejor. Libertad emprendió la emigración con una familia ya constituida, mientras Aisha dejó a sus padres y hermanas. En su momento, ambas asumieron, con sus respectivas parejas, contratar un crédito hipotecario en la misma entidad bancaria, Caja Madrid. Sin que lo supieran en ese momento, a las dos se les aplicó la misma estafa de precios hinchados y cláusulas abusivas, y ambas se vieron solas cargando con el pago de la hipoteca después de la separación de sus respectivas parejas. Y así fue como las dos llegaron a la PAH para defender el derecho a un techo para sí mismas y sus hijes. En retrospectiva, comparten la experiencia de que los banqueros manipularon a las mujeres hipotecadas de una manera particular. «Nos vapulean con sus discursos financieros intencionadamente técnicos para aplicarnos luz de gas, pero a nivel institucional», define Aisha. Aplica así al contexto hipotecario lo que se conoce como luz de gas o *gaslighting*[9], que reconocemos a nivel macro en cómo todos los medios de comunicación reaccionaron a la coyuntura de la crisis hipotecaria repitiendo un mantra estigmatizador: «La gente ha vivido por encima de sus posibilidades»[10]. Así, las retrataban como personas derrochadoras y alocadas, mientras difuminaban las razones estructurales de lo que estaba sucediendo. A nivel micro, los banqueros —y en el caso de Libertad su propio marido— utilizaron esa táctica para «hacernos creer que, como éramos las mujeres las que nos empeñábamos en resolver la situación, también éramos nosotras las que habíamos fallado de manera particular —explica Aisha—, como si lo sucedido hubiera sido exclusivamente culpa nuestra».

Aisha recuerda con particular gratitud a compañeros y compañeras concretas que le dieron el empujón que necesitaba para participar en junio de 2012 en su primera acción: la toma de la sucursal principal de Bankia, en la calle Celenque. La historia guardará para siempre el vídeo de su primera intervención pública: «Somos familias con hijos, con todos sus miembros en el paro, que hasta el momento hemos trabajado y entregado a Bankia hasta el 90 por ciento de nuestros ingresos religiosamente. Ahora nos cierran nuestras casas para mantenerlas vacías. No nos conceden un alquiler social, ¡que el banco se quede la propiedad! Pero que nos permita seguir viviendo y empezar de nuevo, ¡que nos condonen la deuda! Ya hemos perdido todo. Ahora también perdemos nuestra vivienda. ¿Adónde vamos con nuestros hijos? Estamos con todos nuestros familiares en paro, en situaciones paupérrimas. Necesitamos soluciones ya, no nos vamos a ir hasta que baje alguien y nos atienda, que atienda nuestras peticiones, que son totalmente viables». Con aquella toma de la sucursal se ganó la paralización de decenas

---

9   *Gaslighting* se define como la práctica de violencia machista psicológica que implica establecer un proceso de manipulación o abuso para hacer que otra persona dude de su propio razonamiento, cuestione su pensamiento o su memoria y modifique su percepción de la realidad, incluso la manera de recordar los actos propios en el pasado.

10   El movimiento de vivienda le daría la vuelta un tiempo después escribiendo en camisetas y chapas: «Hemos sobrevivido por encima de nuestras probabilidades».

de desahucios hipotecarios inminentes y en la mayoría de los casos se consiguió una solución a medio plazo. Las afectadas, provenientes de todos los colectivos barriales de Madrid, salieron de la reunión con los directivos con una sonrisa y coreando: «Este no es el fin, es el principio»[11]. De ahí en adelante, Aisha y Libertad, con la PAH, participaron en numerosas manifestaciones por las calles más céntricas de la ciudad, acudían a oficinas bancarias y se encerraban hasta que un responsable aceptaba reunirse, tomaban lugares públicos estratégicos para realizar protestas y se enfrentaron a los furgones de policías antidisturbios cuando acudían a desalojar. «Estar y hacer esas cosas juntas fue como un grito de desahogo que fue alivianando mi depresión», dice sonriendo Aisha.

3. LA CONSOLIDACIÓN DE LA PAH, SUS OBJETIVOS Y SU ROSTRO DE MUJER

La consolidación efectiva de la PAH en todos los barrios de Madrid fue fruto del estallido social tras la manifestación del 15 de mayo de 2011 (con el lema «Democracia real ya. No somos mercancía en manos de políticos y banqueros»), que dio paso a las acampadas, al llamado movimiento de las plazas o movimiento 15M. La inspiración fundamental de la acampada fue la plaza de Tahrir, en el contexto de las «primaveras árabes», que desde 2010 reclamaban libertades y derechos en los países del norte de África y Oriente Medio. Sin duda, el 15M revolucionó a la sociedad española y la forma de hacer política, pero aquí nos limitaremos a dejar constancia del impacto de un movimiento que acampó en la Puerta del Sol al grito, precisamente, de «No tenemos casa, nos quedamos en la plaza».

Tras el desmantelamiento consensuado de la Acampada Sol en junio, se crearon asambleas en todos los barrios de la ciudad y se fundaron muchas nuevas iniciativas en torno a las reivindicaciones de justicia social y económica que habían sido debatidas durante la acampada. En casi todas las asambleas de barrio, se crearon comisiones de vivienda 15M. Inicialmente se organizaron sobre todo para frenar los desahucios poniendo el cuerpo y ejerciendo desobediencia civil pacífica en la puerta de la casa el mismo día del desahucio, lo que se ha llamado desde entonces un piquete o una acción Stop Desahucios. En 2013 la comisión de vivienda del 15M-Vallekas empezó a llamarse PAH Vallekas y pasó a formar parte de la Plataforma, que llegó a contar con hasta 250 nodos locales en el momento álgido de ese periodo 2013-2015. En estos años, se consolidaron en paralelo tanto las prácticas organizativas de la asesoría colectiva, el acompañamiento y la acción directa como los objetivos: la dación en pago, el alquiler social y la condonación de la deuda total o parcial.

La asesoría colectiva ha sido desde el primer momento la pieza angular de la organización de la PAH, como decíamos en la introducción. «Fruto del trabajo colectivo y voluntario de mucha gente y de la ayuda puntual de diversos profesionales del mundo

---

11   El vídeo de la ocupación de esta céntrica sucursal de Bankia está disponible en la cuenta de la Coordinadora de Vivienda de Madrid: https://www.youtube.com/watch?v=xjxsSWpKRA8&feature=youtu.be

jurídico y sumando la experiencia práctica de […] años, la PAH ha ido acumulando un conocimiento detallado del procedimiento que se inicia cuando se deja de pagar una hipoteca»[12]. Estos saberes colectivos acumulados en la lucha se vuelcan en las asambleas de la PAH, donde la gente recién llegada y la que ya lleva un tiempo pueden explicar su problema con la vivienda, compartir su situación personal y resolver sus dudas, además de aprender a ser capaces de enseñar y transmitir la misma experiencia y los conocimientos adquiridos a otras compañeras. En este sentido, la asesoría colectiva no tiene nada que ver con una asesoría jurídica profesional basada en un servicio contratado[13]. Como cualquier espacio de saberes situados, la asesoría colectiva tiene sus fortalezas y sus flaquezas, pero forma una parte fundamental de la construcción de un movimiento de base que busca autonomía frente a los saberes profesionales que no están al alcance de todos y desde cuyo punto de vista se habrían dado por perdidas antes de intentarlas muchas de las batallas que hemos emprendido juntas. Huelga decir que como mujeres entendemos la asesoría colectiva en particular como un espacio que nos enseña a confiar en la sabiduría de compañeras que llevan más tiempo en la lucha, además de hacernos llegar su empatía. Una de las frases más repetidas en las asesorías colectivas es «No estás sola». Para muchas se convierte en realidad al cabo de un tiempo, cuando PAH Vallekas se vuelve parte de la familia y, aunque hayan llegado por los problemas de vivienda, se acaban quedando por la solidaridad del grupo, que abarca muchos más campos.

El acompañamiento es un compromiso puntual o más largo en el tiempo entre la persona afectada por un problema y una o más compañeras. Su objetivo es dar juntas un paso concreto o una serie de pasos en la lucha. En el *Libro Verde de la PAH* y *PAH: manual de instrucciones,* el acompañamiento se describe como una situación en la que las compañeras con más experiencia acuden a apoyar y a ayudar en la negociación con la entidad bancaria; a medida que el movimiento va creciendo y abarcando cada vez más cuestiones de justicia social relacionadas con la vivienda, se empiezan a realizar muchos otros tipos de acompañamientos: para solicitar la inscripción en el padrón municipal y otros trámites administrativos, para entregar documentación y escritos en el banco o en el juzgado, para exigir nuestros expedientes en los servicios sociales, para las citaciones judiciales y las peticiones de justicia gratuita, para los primeros días y sobre todo noches en casas recuperadas, para aprender a acceder a recursos en Internet, para rellenar formularios y enviar solicitudes, y un largo etcétera. En definitiva, significa dedicar tiempo y presencia, estar para otras prestando acompañamiento práctico y emocional. Requiere, pero también genera, confianza y enseña que cualquier persona puede ayudar y ser ayudada.

---

12 Véase «Asesoría colectiva», en la web de la PAH estatal: https://afectadosporlahipoteca.com/asesoria-y-recursos/asesoria-colectiva/

13 «Es muy importante darnos cuenta de que la PAH no es un servicio de asesoramiento "tradicional", donde una persona llega, cuenta su problema a otra más entendida y espera que esta sea la que le resuelva el caso. Y es que hemos visto que necesitamos luchar juntas para conseguir resultados» *(Libro Verde de la PAH,* p. 12). Disponible en https://pahbarcelona.org/wp-content/uploads/2020/07/Libro-Verde-OCUPACION-PAH-2020-CAST.pdf

«La dación en pago» es un concepto propio del contexto hipotecario. Se trata de un acuerdo entre el deudor y el acreedor para saldar la deuda hipotecaria restante con la entrega del inmueble adquirido con el préstamo[14]. Como objetivo político requiere cierta explicación, porque implica la pérdida de la vivienda hipotecada y, por lo tanto, parece, a primera vista, más una derrota que una victoria. Dadas las condiciones en las que se gestó la crisis hipotecaria española, la dación en pago se convirtió rápidamente en uno de los objetivos más importantes, porque la ley hipotecaria española[15] cede al banco acreedor la prioridad de compra de la vivienda subastada. Esto resulta en compras por una fracción mínima del valor de la hipoteca y crea sistemáticamente situaciones en las que las personas y familias son desahuciadas de su hogar mientras conservan la mayor parte de la deuda en la que incurrieron para su compra. Además, las deudas adquiridas durante los años de la burbuja hipotecaria eran a menudo elevadísimas, por los precios inflados del mercado inmobiliario y porque solían cubrir el 100 por ciento del precio de la vivienda. La dación en pago como objetivo político exigía la anulación de las deudas restantes después de la toma de posesión por parte del acreedor y en las campañas por un cambio legislativo se reivindicó con efectos retroactivos para quienes ya habían perdido su vivienda y sin embargo seguían cargando con una deuda de por vida.

El alquiler social es un objetivo que, en los primeros años de la PAH, solía acompañar a la dación en pago. Nace para evitar que se pierda el hogar ya creado en la casa hipotecada cuando el banco se queda con ella: significa que se puede seguir viviendo en la misma casa, pero ya no como propietaria, sino como inquilina. Como criterio general, se debe tratar de un alquiler de muy bajo coste, cuya mensualidad se fija según los ingresos de la unidad familiar, entre el 10 por ciento y el 20 por ciento, en ningún caso más del 30 por ciento, que es el límite que maneja la Organización de las Naciones Unidas (ONU) en su definición de alquiler abusivo. Varias de las compañeras hipotecadas de PAH Vallekas que en su día consiguieron la dación en pago viven aún a día de hoy en las mismas casas tras negociar la dación en pago y el alquiler social pagando una pequeña renta mensual. El alquiler social no es un invento de los bancos ni se trata de una categoría legal establecida en España: es un concepto que nace en las luchas y para las luchas. Más adelante veremos cómo ha evolucionado cuando la casuística de la lucha de la PAH se ha ampliado más allá de las hipotecas.

La condonación de la deuda puede ser total (también llamada anulación de la deuda) o parcial (también conocida como quita) e implica una lucha intensa e incansable en la que el tesón particular de la o las personas hipotecadas juega un rol importante. Las condonaciones parciales o las quitas, si bien son un objetivo más difícil que la dación en pago, son algo más fáciles de conseguir que la condonación total. Se llegó a acuerdos con el banco en los

---

14   Véase «Dación en pago», en *Wikipedia:* https://es.wikipedia.org/wiki/Dacion_en_pago

15   Véanse el decreto de 8 de febrero de 1946 y las importantes modificaciones en la Ley 2/1981 del 25 de marzo y la Ley 41/2007 del 7 de diciembre.

que la casa se entregaba en dación en pago y la deuda restante se reestructuraba con una quita y a veces su conversión en otro tipo de crédito. Sirvieron en casos en los que había posibilidades de pagar después de que las condiciones de la deuda mejoraran notablemente y en casos en los que ya se había pagado la mayor parte de la deuda. Obviamente, lejos de suponer bondad alguna por parte de los bancos acreedores, lo que realmente se consiguió con las quitas fue un pequeño ajuste en la relación de fuerzas entre los deudores y los acreedores. De igual manera, podríamos haber visto una situación muy diferente después de la crisis hipotecaria si las políticas aplicadas por el gobierno hubieran tenido como objetivo el rescate social en vez del rescate bancario. Associació 500x20 nos ofrece este ejemplo: «La quita o condonación parcial de la deuda ha sido una de las fórmulas que algunos países como Islandia aplicaron sobre los hogares en lugar de salvar a los bancos»[16].

Las compañeras que sostuvieron la consolidación de la PAH en Madrid participaron a través de sus naufragios vitales en la definición de estas prácticas y estos objetivos compartidos. Hay ciertas señales que indican que los expertos del endeudamiento hipotecario masivo buscaron en particular a dos grupos sociales: los migrantes y las mujeres. Reconocieron que estos grupos tenían más necesidad de estabilidad, ya que muchas tenían criaturas, y una vivienda era el símbolo de arraigo en la nueva sociedad; tenían más necesidad de reducir los gastos en vivienda, como prometía la hipoteca frente al alquiler, por la brecha salarial por sexo/género y porque en muchos casos tenían familias pendientes de aportaciones económicas en el país de origen y pocas redes de apoyo en el país de destino; y porque estaban dispuestos a trabajar en lo que fuera por lo que fuera: sin acceso a los privilegios de clase y blanquitud[17], con la ley de extranjería siempre acechando, estaban en clara desventaja en el mercado laboral, pero aceptarían cualquier forma de explotación para no dejar a su familia sin vivienda. El elevado riesgo de impago, oculto en la publicidad engañosa y los discursos públicos de políticos que decían que el precio de la vivienda «nunca caería», no era una preocupación, el negocio estaba en vender esas hipotecas en los mercados financieros, hacer apuestas contra y a favor de su cobro y, en caso de impago, recuperar la vivienda y cobrar la deuda restante, que sería abultada al estar vinculada a una hipoteca de un momento de burbuja.

Nuestra intuición, nuestra propia experiencia y las historias que hemos compartido entre nosotras nos indican desde hace mucho que la deuda la buscan con nosotras y nos la reclaman con especial saña. Hay un sesgo de género importante en la gestión que los bancos han hecho de la crisis hipotecaria; en ese sentido, nos resuenan los escritos sobre los microcréditos en Bolivia, en los que resaltan la preferencia de los planificadores

---

16   Associació 500x20: «Quita o condonación, total o parcial, de deuda hipotecaria»: https://500x20. prouespeculacio.org/quita-o-condonacion-total-o-parcial-de-deuda-hipotecaria/

17   Para mujeres migrantes racializadas trabajadoras, esto supone un cóctel de opresiones evidente que no queda reflejado en expresiones utilizadas en discursos sobre igualdad de género en el entorno laboral, como «el techo de cristal». Como dicen las compañeras feministas racializadas, «cuando una mujer blanca rompe el techo de cristal, la que lo limpia es inmigrante e "ilegal"», como hemos sido muchas de nosotras.

financieros de firmar préstamos con mujeres[18]. Podemos afirmar que hemos tenido experiencias parecidas en España, como la práctica de incluir en los contratos hipotecarios a familiares mujeres no convivientes como codeudoras (como titulares de la hipoteca) en lugar de avalistas. Muchas compañeras confirman haber sufrido este cambio contractual sin previo aviso. Se han encontrado frente al notario el día de la firma y se han visto presionadas a aceptar para no perder el préstamo. Esto se tradujo en tensión en las relaciones afectivas con las personas comprometidas y en ocasiones hasta puso en peligro las redes familiares de muchas mujeres.

Así se explica también la presencia mayoritaria de mujeres en nuestra lucha: las condiciones económicas de las mujeres son peores (brecha salarial, tipo de empleo y de contrato, responsabilidades de cuidado que limitan los tiempos y formas de trabajo y promoción) y son las mujeres las que se hacen cargo de la familia en casos de abandono económico y afectivo de la pareja (y como madres solteras tienen una todavía mayor desventaja económica por la falta de igualdad en el mercado laboral y la doble carga de los cuidados). Estos dos patrones se repiten con mucha frecuencia en las asesorías colectivas. Por todo lo que nos ha tocado vivir como mujeres endeudadas, buscamos alianzas en particular con otras mujeres. Entre mujeres con ganas de colaborar, las soluciones y las escapatorias se hacen factibles y palpables. En el rostro y en la mirada de cualquiera de ellas nos vemos reflejadas como si de un espejo se tratase. La necesidad de seguir los pasos de otras que han sufrido lo mismo y el deseo de ser acompañada por compañeras son las primeras señales de lo que luego viene a ser la sororidad dentro de la PAH. También creemos que la composición femenina juega su parte en que la PAH abra espacio a los sentimientos en las asambleas y asesorías, abra sitio en la política para una sensibilidad (malentendida y despreciada en la sociedad patriarcal, a menudo atribuida a las mujeres aunque pertenece a toda la humanidad) que vemos como una fuerza, no como una debilidad. En un movimiento contrario al que puso en marcha en nosotras el endeudamiento, en la PAH empezamos a desaprender el mandato de las finanzas (permitir todas las formas de extracción de las fuerzas vitales para el pago de la deuda y llorar nuestro cansancio a escondidas) para interiorizar la causa de la PAH: la deuda es estafa, si no puedo no pago, quiero pagar lo justo. Con esta forma de organización ganamos confianza en nosotras mismas de una manera que luego permite impulsar cambios en otros terrenos vitales. Aprendemos que se hace camino al andar, unimos esfuerzos, seguimos y repartimos consejos lo más replicables y alcanzables posible, pensamos y debatimos, manifestamos nuestras diferencias en los sentires y los pensares. Parimos a la PAH, junto a muchos otros y otras, en ese tiempo convulso del despertar de las plazas.

---

18 «Los planificadores financieros prefieren a las mujeres porque reconocen que son más responsables con sus transacciones económicas, ya que dependen mucho más de los recursos económicos estables para poder reproducir sus familias y son más vulnerables ante la intimidación. Además, han estudiado las comunidades de mujeres y se han apropiado del "tejido social de las mujeres para utilizarlo a favor de los objetivos del sistema", tratándolo como capital social, de tal modo que si no existen agrupaciones de mujeres, se anima a las mujeres a crearlas» (Federici, 2020, p. 111, en referencia a Galindo, María, 2010, p. 10).

4. EL DESPERTAR DE LAS PLAZAS LLEGA LEJOS EN EL TIEMPO Y EN LA DISTANCIA

Otras, de quienes luego terminaríamos siendo compañeras, vivieron de otra manera la época del estallido de la burbuja hipotecaria. Eran más jóvenes y no cargaban sobre los hombros responsabilidades económicas tan determinantes como la hipoteca o hijes que necesitaran cuidados. Pero para ellas también, entre los acontecimientos de aquellos años, destacó el 15M, el despertar de las plazas. Algunas incluso eran tan jóvenes que no recuerdan mucho de la acampada en sí de la plaza de la Puerta del Sol. Sin embargo, reconocen que su politización, pocos años después, estuvo marcada por el 15M como detonador de un ciclo político nuevo: la idea de cambiarlo todo (no solo lo que era posible dentro del sistema representativo parlamentario) y la importancia del esfuerzo de hacer política entre diferentes (y junto a quienes no habían atravesado una formación política previa). Estos dos elementos supusieron una parte importante de los cimientos de su práctica política.

Una de las compañeras más jóvenes, Carla, se acuerda de la Acampada Sol con cierta confusión: «Tenía 15 años, era una adolescente y era un momento un poco raro», comenta riendo. Participó en la manifestación del 15M, le parecían importantes las críticas que surgían hacia el sistema parlamentario representativo y la complicidad entre los banqueros y los políticos. «No estaba politizada, pero tenía ideas medio filosóficas que me rondaban en la cabeza y me parecía mal que recortaran en educación pública y en sanidad». Luego buscó maneras de aportar en Acampada Sol, pero no se enganchó con ninguna comisión. No empezó a participar activamente en ningún colectivo hasta que llegó a la universidad, donde en 2013 encontró el movimiento estudiantil, en particular el colectivo Toma la Facultad. «Siempre estábamos haciendo algo. Queríamos aprender otras maneras de gestionar las cosas y reivindicábamos que los estudiantes debíamos participar en la toma de decisiones junto a los trabajadores de las facultades». También fue en la universidad donde, unos años más tarde, Carla conoció la PAH: con el movimiento estudiantil se volcó en la recogida de firmas para la iniciativa legislativa popular (ILP) autonómica que planteaba un cambio legislativo en materia de vivienda en la Comunidad de Madrid[19]. Carla, hija de españoles autóctonos, pudo costear sus estudios universitarios sin endeudarse y se quedó en su Madrid natal. No experimentó problemas de vivienda ni tampoco violencia machista en su familia de origen.

Mina, otra de las compañeras más jóvenes, sí había atravesado una porción de ambas en su infancia junto a su madre y su hermano pequeño. El padre de Mina maltrataba psicológicamente a su madre, aprovechando sobre todo su vulnerabilidad de dependencia económica hacia él. Pocos años después del nacimiento del hermanito de Mina, el

---

19 El PP y Ciudadanos tumbaron la propuesta legislativa el 8 de noviembre del 2017. Véase Ter García (2017): «PP y Ciudadanos tumban la ILP de vivienda de Madrid», en *El Salto*, 8 de noviembre: https://www.elsaltodiario.com/vivienda/pp-y-ciudadanos-tumban-la-ilp-de-vivienda

padre dejó a su mamá y se fue con una novia más joven (a la que abandonaría pocos meses después por otra más joven y así sucesivamente en las siguientes décadas). Sin embargo, el maltrato siguió a pesar de la separación: su padre tenía mucha habilidad social y en poco tiempo convenció a buena parte del entorno social compartido de que en la separación él había sido la víctima de la infidelidad y el chantaje económico en vez de su madre. Mientras tanto, la madre de Mina —que había pospuesto terminar su carrera para que él acabase antes sus estudios como médico, lo que supuestamente iba a significar mejores ingresos para la familia— intentaba salir adelante con dos hijes de poca edad y la renta mínima como único ingreso mensual. El padre no asumió la manutención obligatoria como una responsabilidad propia, todo lo contrario: la cuestión del dinero se convirtió en el hilo conductor de la relación de Mina y su hermano con su padre. El padre vivía solo en un ático de tres dormitorios situado en un edificio arqui-tectónicamente relevante de su pequeña ciudad. La madre, con Mina y su hermano, en un bajo pequeño, donde sus hijes compartían una pequeña habitación y ella dormía en la cocina-salón. Las visitas de fin de semana con el padre se convirtieron en auténticas batallas de chantaje económico; en ellas, su padre advertía a Mina y su hermano que cualquier acción o actitud que no le gustara tendría como consecuencia que su mamá nunca recibiría la tan necesaria manutención. Las visitas obligatorias tenían lugar en un ambiente falto de cariño y sin la presencia real del padre. Muy pronto, Mina detectó que su padre ejercía violencia física contra su hermano pequeño. No se atrevió a contárselo a nadie por las consecuencias con las que su padre la amenazaba. «Pero a mí nunca me puso la mano encima —cuenta Mina—. Yo siempre me metía en medio a defender a mi hermano, pero mi padre me apartaba diciendo que era una chica y no me iba a tocar». Recuerda con particular amargura esta «escuela de género», en la que piensa que su padre intentaba «hacer hombre a mi hermano, siempre sensible, dulce y cariñoso».

Cuando Mina cumplió 10 años, la larga disputa legal sobre la custodia acabó con la rendición de su mamá, que cedió la custodia de Mina al padre y se quedó la de su hermano. Así, el padre se libró de los reclamos de manutención, aunque les dos niñes siguieron viviendo con la madre. Poco tiempo después, el padre de Mina se marchó a Canadá con un puesto de investigación y el contacto, ya esporádico, con Mina y su hermano se volvió casi inexistente. Aquellos años dejaron marca sobre Mina, de modo que al crecer sintió una extrema necesidad de ser independiente, en particular económi-camente. Con 15 años empezó a trabajar tardes sueltas repartiendo publicidad y en las vacaciones de verano lavaba platos y recogía en el comedor de una gasolinera. Se fue a vivir sola lo antes que pudo. A los 18 años se mudó a vivir con un novio. «Pensaba que juntándome con él saldría de la dependencia económica que había sentido con mi padre —explica—, pero al poco tiempo fue casi peor». Se marcharon a vivir a la capital del país, donde Mina no conocía a nadie. «Me pregunto qué hice ese año de mi vida —dice Mina—. Trabajaba en una hamburguesería y ejercía de novia, nada más». La relación no duró. Se dio cuenta de que tanto los precios del alquiler, que implicaban una gran presión económica, como la fuerte presión social empujaban a vivir en pareja. Mina llegó a la conclusión de que buscar autonomía a través de los noviazgos no funcionaba y en los años en los que comenzó la universidad atravesó un cuestionamiento fuerte sobre la pareja heterosexual y la familia tradicional. Se había reconocido bisexual desde siempre y las reflexiones en torno a temas propios de las muchas disidencias de género fueron marcando sus intereses cada vez más. Cuando aterrizó por primera vez en Madrid, en mayo de 2011, buscando referentes contemporáneos de las luchas de las mujeres, le llamó la atención el movimiento feminista autónomo, en cuyo trabajo colectivo vio reflejadas muchas cosas que ella había pensado en solitario.

Azares del destino, el viaje de Mina para estudiar prácticas y revoluciones feministas se transformó cuando, en pleno estallido del 15M, nuestra compañera se topó con la Acampada Sol. Entre el fervor y la diversidad de las temáticas políticas en debate, ella se fijó sobre todo en la movilización de la Plataforma de Afectados por la Hipoteca, que estaba en vías de organizarse por barrios. Cuando Mina volvió a su vida lejos de Madrid, en el norte de Europa, permaneció pendiente a lo que sucedía. En concreto, se enganchó a los *streaming* (transmisiones en vivo emitidas por Internet) desde las acciones de desobediencia civil de la PAH. En ellos, los y las afectadas tomaban sucursales de bancos para presionar a sus directores a que aceptaran la dación en pago o una condonación de la deuda. Lo que más sorprendió a Mina fue que las acciones se veían alegres, festivas. «Era como si se celebrara estar juntas, como si estuvieran felices por haberse encontrado —lo describe Mina—. Me gustaba mucho que, cuando hablaban en público, no se apreciaba ningún tono de victimismo». Cuando preguntamos a Aisha sobre este tema, confirma que en las acciones sentía que las preocupaciones personales se desvanecían, por lo menos durante unas horas. Como Aisha, la mayoría de quienes participaron en la toma de sucursales aquel entonces eran personas hipotecadas.

Los *streaming* también mostraban piquetes para evitar desahucios al canto de «No toleramos ni un desahucio más», concentraciones que señalaban a los culpables políticos de la especulación con la vivienda al grito de «No somos mercancía en manos de políticos y banqueros» y «Tenemos la solución: los banqueros a prisión», y manifestaciones para reivindicar el «Derecho a techo ya». Estos lemas alcanzaron a Mina, pese a los kilómetros que la separaban de la acción física: removieron recuerdos en ella, volvieron los ecos de su infancia y adolescencia con una madre soltera precaria y los problemas de vivienda, que eran el pan de cada día. Recordó las mudanzas anuales y la omnipresencia del agobio que estas implicaban para su madre. Ahora, ya mayor, Mina vio que había un mundo, una idea, un grupo de gente que clamaba: «Si no tienes con qué, no pagues», «Entre comer y pagar la casa, come» y «La vivienda no es una mercancía, es un derecho». «Me pasé meses emocionada frente a la pantalla. Me hervía la sangre por la injusticia, pero también me alentaba ver que la gente se apoyaba entre sí», cuenta. Y poco a poco

se decidió: quería volver a Madrid para poder volcarse en ese movimiento. Organizó su migración a España apoyándose en sus estudios universitarios aún en marcha.

En la acampada de la Puerta del Sol había establecido amistad con gente que habitaba un edificio ocupado en una de las zonas más turísticas del centro de Madrid. La aceptaron como visitante y así llegó de vuelta a Madrid, con el sueño instalado en su cabeza de quedarse a vivir. Le costaría un par de años hacer realidad aquello y durante ese tiempo de rechazo al trabajo remunerado —por priorizar sus estudios y la formación política— adquirió una deuda estudiantil de casi 15.000 euros, que destinó a los gastos corrientes. La deuda sigue en su mayor parte sin pagar a día de hoy.

5. PRIVILEGIOS: LAS MIGRACIONES SUREÑAS Y NORTEÑAS

Cuando se comparan el recorrido de Mina y el de Aisha, dos compañeras cuyos países de origen están en el Sur y el Norte global, es fácil ver cómo funcionan en la migración los privilegios de clase y blanquitud y la división global Norte-Sur. Las dos coinciden en definir que el deseo de mejorar su vida fue la causa por la que migraron, pero lo que esa definición abstracta implica está determinado por el lugar social que les ha tocado al nacer. En lo que concierne a la llegada, Mina apenas encontró impedimentos cuando decidió hacer su vida en España. La deuda estudiantil que adquirió los primeros años fuera de su país de origen contaba con el aval del Estado, lo cual implicaba un riesgo más bajo, aunque no deja de tratarse de un endeudamiento para cubrir necesidades básicas. En cambio, Aisha, tras su llegada a España, pasó cinco años en la incertidumbre y la vulnerabilidad que supone vivir y trabajar sin documentación. Como ciudadana de la Unión Europea, a Mina se le garantizaron desde el primer momento los mismos derechos laborales que a los trabajadores españoles, gracias a los convenios de la Unión Europea. Aisha, por su parte, no pudo viajar a su país de origen antes de regularizar su situación, porque no se le habría permitido regresar a España sin ese estatus. Al contrario, Mina pudo viajar libremente en todo momento, ya fuera para aprovechar ofertas de trabajo en su país de origen (donde estaban y están mejor remuneradas, lo que le permitió sostenerse durante largos periodos en España) o para visitar a su familia y amistades (lo que le posibilitaba tener un mayor apoyo de su comunidad mientras aún construía sus nuevas redes de apoyo).

Las diferencias que podemos apreciar en estas dos migraciones responden a la vez a diferencias históricas y geopolíticas. Cuando Aisha migró de América del Sur, su país, Ecuador, había sido conducido a una profunda crisis financiera, socioeconómica y política[20]. En esta crisis —al igual que en las previas en América del Sur y África y las

---

20 Véase «Crisis económica en Ecuador de 1998-1999», en *Wikipedia*: https://es.wikipedia.org/wiki/Crisis_financiera_en_Ecuador_de_1999

venideras en las Américas y en Europa—, el endeudamiento masivo tras la liberalización del sector financiero jugó —y jugaría— un rol fundamental. La dolarización del sucre, la moneda nacional, fue la salida de la crisis propuesta por el gobierno de Jamil Mahuad. Significaba una salida solo para los empresarios con grandes préstamos de la banca, cuyas deudas se redujeron así enormemente. Pero al mismo tiempo aplastó a los trabajadores, las familias y los campesinos, cuyos salarios, ahorros y pensiones se redujeron a una quinta parte de lo que tenían. Esta situación produjo todo un éxodo de emigración, al que se sumó Aisha. Nada tenía que ver con la situación en la que Mina decidiría ponerse rumbo a España una década más tarde. Cuando esta migró, lo hizo desde un país que se encontraba en el lado de los ganadores de la crisis europea de la deuda privada (de las familias) y soberana (de los Estados). Tomó una decisión que respondía a otras necesidades, pero no se debía al empuje del empobrecimiento y la futura miseria en los que Aisha se veía envuelta si se quedaba. Hasta en los motivos que impulsaron a estas dos mujeres a sus migraciones vemos una diferencia estructural: mientras las razones que decidieron a Aisha a migrar giraban en torno a la pobreza y la imposición de la carga de cuidados en la familia de origen, las de Mina respondían a quererse liberar de modos más sutiles de control familiar. Mina nombra su búsqueda como deseo de otro tipo de comunidad, un entorno en el que expresarse y relacionarse con mayor libertad. En vez de suponer una mejora económica de la vida, implicaba aceptar mayores niveles de precariedad, dado que en España ella también se encontró lidiando con los efectos de la crisis financiera. Además, para ella quedarse luchando por la vida que deseaba implicaba un riesgo económico más asumible: en caso de fracasar en la migración, tendría asegurado un retorno económicamente sostenible y ese no era el caso de su compañera Aisha.

Estas diferencias de partida se ven aún más acentuadas en otras historias, como la de Gicela, una compañera cuya migración se da por violación y acoso. Gicela tenía la vida ya montada en su país de origen. Tenía estabilidad económica gracias a un pequeño negocio de heladería, que le permitió cierta autonomía después de la separación del padre de sus primeros cuatro hijos, quien la había maltratado durante trece años. Los nuevos problemas empezaron cuando un día un hombre desconocido se fijó en ella: estacionó el coche frente a su heladería y le pitó. Empezó a mandarle notas a través de un amigo que tenían en común, que le contó que se trataba de un «admirador». Ella no las leía, las rompía y las tiraba a la basura. Tenía claro que no le interesaba y se lo comunicó claramente al amigo que hacía de mensajero. Un día cualquiera, una amiga de Gicela la invitó a salir de noche y ella se animó, pero cuando llegaron a la discoteca le presentó al señor que le había estado enviando notas. Así seguía desenvolviéndose esta historia de violencia machista planificada y culpabilización de la víctima, como tantas otras. Gicela tomó un refresco con él por cortesía y luego quiso irse a casa. Él, conductor de autobús de profesión, ofreció llevar a casa a Gicela y a su amiga. Gicela dijo que iría andando. Él insistió. Al final, las dos subieron. Llevaron a su casa a la amiga y a Gicela le entró un mal presentimiento cuando se quedó sola en el autobús, así que le pidió bajarse ahí mismo, pero él no le dejó. Pasó de largo la casa de Gicela hasta un descampado, donde aparcó el autobús y violó a nuestra compañera.

En el relato de Gicela se entrelazan el miedo al violador feminicida –«Ahí no piensas nada en ese momento, solo te preguntas si te va a matar: "¿Me va a matar? ¿Me va a matar?". Te come el miedo por completo». Luego, la sensación de culpabilidad por haber usado lo que se le ocurrió en el momento para salir de la situación. Gicela nos lo cuenta: «Después noté que apestaba y me sentí culpable. Pero ahí, en algún momento, me había acordado de Camargo[21], de los tiempos de Camargo, y temía que me matara. Así que, antes de que él se levantara de mí, le dije…, porque pensaba que me iba a matar, le dije que qué le parecía que nos conociéramos, que lo hiciéramos de otra manera, no a la fuerza… Y él me decía que estaba enamorado de mí». Es más, el violador culpó a Gicela de haberle rechazado durante un tiempo largo, cuando le enviaba notas; era culpable de no haber obedecido al deseo y, en última instancia, al poder masculino. «Tenía que usar mi inteligencia y amoldarme a esa persona en ese momento. El miedo te lleva a hacer muchas cosas; por más que hayas leído, que te hayas informado, cuando estás en ese momento no piensas en eso», así describe nuestra compañera el cálculo de supervivencia que realizó mientras estaba siendo violada.

Gicela sobrevivió, pero a partir de entonces el violador decidió hacer de ella «su mujer»; así, sin más, como un objeto a poseer. Todo señalaba que había planificado la operación durante mucho tiempo, ya que se había dado a conocer e incluso se había hecho amigo de varias personas cercanas a Gicela. Ella entró en una depresión después de la violación y en poco tiempo su negocio se fue a pique. La tuvieron que operar y entró en paro cardiaco durante la operación; cuando se despertó, después de la reanimación, se encontró a su violador al lado con un ramo de flores. «Todo era demoniaco —lo describe —, desde ahí me lo encontraba cuando salía de la heladería, cuando iba a comprar algo, a la bahía, a la farmacia…; adonde yo fuera, ese hombre estaba ahí». Se presentaba como «su esposo» cuando preguntaba a los vecinos por ella —más tarde, Gicela llegó a saber que tenía una familia, una esposa e hijos, y se espantaba aún más de la normalidad en la que se entrelazaba la vida familiar tradicional con esta operación de acoso y violación sin pasarle, en apariencia, ningún tipo de factura—. El tipo la persiguió por la ciudad durante meses; aparecía enfrente de su casa día y noche y llegó a intentar violarla en otras dos ocasiones. Tras dos años de acoso, un familiar ofreció a Gicela la posibilidad de viajar a España. Fue entonces cuando ella decidió irse para poder vivir en paz. Dejó a sus primeros cuatro hijos al cuidado de su padre y cruzó el océano.

Cuando echamos la vista atrás a estos procesos diferentes de migración, somos conscientes de que decidimos irnos huyendo de la precariedad, la pobreza estructural, la

---

21 Daniel Camargo fue un pedófilo que realizó múltiples violaciones en Colombia y en Ecuador. Murió en 1994.

falta de comunidad, el maltrato psicológico, la violencia sexual y física. Pero todas esas cosas también pueden nombrarse en positivo, por lo que además es preciso decir que decidimos movernos porque anhelamos vivir libres, cambiar el orden dado de las cosas y cambiarnos a nosotras mismas. Sin embargo, en España nos encontramos —unas de manera directa y otras más indirectamente— afectadas o completamente entrampadas en una crisis de la deuda cuyos responsables políticos decidieron hacérnosla pagar en una variedad de formas que nos afectan a todas.

6. EL RESCATE BANCARIO: EL CAPITAL CONTRA LA VIDA

El rescate a los bancos aterrizó en nuestras vidas en forma de recortes en todos los ámbitos sociales. «Habéis vivido por encima de vuestras posibilidades» fue el mantra de los políticos mientras dirigían los fondos públicos (los existentes y los futuros, atados a la deuda pública) al sector bancario financiero en quiebra. Así justificaron lo injustificable.

Para compensar la inversión pública en las cajas y bancos en quiebra, equilibrar el enorme gasto público por el desempleo masivo y calmar los ataques a la prima de riesgo, que aumentaban la deuda del país, se desplegó un plan de recortes a partir de 2010 que incluía la reducción de plantilla en la sanidad, la educación, el sistema público de cuidados infantil y de la tercera edad, y los servicios sociales; la reforma del sistema sanitario para excluir a los migrantes en situación irregular de la sanidad pública, hasta entonces universal, y la venta de hospitales públicos y colaboraciones público-privadas que suponían dirigir dinero público al sector privado a cambio de dudosos resultados; el cierre de programas, recursos y subvenciones para paliar la violencia de género; la supresión de los fondos dedicados a la acogida y atención a las personas inmigrantes; la eliminación de muchas ayudas parciales, como las dirigidas a la tercera edad, personas dependientes o jóvenes en paro; la reducción de la prestación dirigida a familiares que cuidan a una persona dependiente, implantada por la recién nacida ley de dependencia, que supuestamente conformaría el cuarto pilar del Estado de bienestar —una ley que moriría antes de su implantación, porque se priorizó el rescate bancario al cuidado de las personas y de sus cuidadores—; el aumento del número de alumnado por clase en educación pública, el fin de ayudas dirigidas a la adquisición de libros, el cierre de alojamientos para estudiantes sin recursos, la subida de las tasas universitarias, la no contratación de los profesores interinos y la subida del precio de las guarderías públicas, y un largo etcétera.

En el campo del derecho a la vivienda, el Ayuntamiento y la Comunidad de Madrid vendieron la poca vivienda pública existente a fondos buitre. La Comunidad de Madrid, con la presidencia de Ignacio González, del PP (mano derecha de Esperanza Aguirre que después fue acusado de corrupción en los casos Lezo y Púnica), vendió en 2013 casi 3.000 viviendas sociales a la sociedad Encasa Cibeles de Azora-Goldman Sachs, venta que fue anulada en 2020[22]. El Ayuntamiento de Madrid, en octubre de 2013, con la alcaldía de Ana Botella, del PP, vendió 1.860 viviendas públicas a dos fondos buitre del conglomerado Blackstone; en 2018, el Tribunal de Cuentas sentenció que esa venta se había realizado con un precio por debajo de mercado y «sin pliegos, sin concurrencia y sin realizar una tasación inicial»[23].

La vivienda nunca había sido un derecho consolidado en el país[24] y en los años de la burbuja la conversión de la vivienda en un negocio se exacerbó a través de la reforma de la ley del suelo, la reducción de requerimientos para construir, exenciones fiscales a la compra, inversión pública en urbanización de nuevas zonas y rehabilitación del centro de la ciudad, nula supervisión de los préstamos y la acción de cajas y bancos[25], etcétera.

La connivencia entre el bipartidismo español —entre el Partido Popular (PP) y el Partido Socialista Obrero Español (PSOE)— y el mercado constructor e inmobiliario (las empresas constructoras e inmobiliarias, bancos y cajas de ahorros, los fondos de inversión y la dirección de las empresas públicas de la vivienda pública) era total. Están demostrados los pagos y donaciones a partidos a cambio de concesiones de obra pública a través de comisiones en B y contratos irregulares (casos Gürtel, Lezo, Púnica y caja B del PP, entre otros). Eran políticos los que dirigían las cajas de ahorros que prestaban a las constructoras que trabajaban en y para las ciudades que gobernaban, y al acabar su mandato, muchos políticos se incorporaban a los consejos directivos de las empresas a las que habían beneficiado (las famosas puertas giratorias). Muchos políticos españoles veían y ven en el mercado inmobiliario (y su asociado, el turístico) el motor económico del país (y el propio y el de sus partidos) y las necesidades de este sector literalmente han dictado la mayoría de las leyes que rigen el derecho a la vivienda en España. Los poderes públicos tampoco intervinieron ante los 245.641 desahucios hipotecarios ejecutados entre los años 2008 y 2010, porque eran los bancos lo que había que proteger; siempre el capital frente a la vida.

---

22   Véanse, por ejemplo, Caballero, Fátima (2019): «El final de una polémica venta con la que Ignacio González intentó hacer caja en lo peor de la crisis», en *eldiario*, 12 de diciembre: https://www.eldiario.es/madrid/primera-condena-vivienda-administraciones-madrilenas_1_1190888.html y Rincón, Reyes, y Juan José Mateo (2019): «El Supremo confirma la nulidad de la venta de 3.000 pisos de la Comunidad de Madrid a un fondo buitre», en *El País*, 13 de diciembre: https://elpais.com/ccaa/2019/12/12/madrid/1576168137_552059.html

23   «También provocó "un menoscabo injustificado en el patrimonio público" de más de 22 millones de euros» (León, Pablo, 2018: «Botella y 7 excargos de Madrid, condenados a pagar 26 millones por malvender pisos públicos a fondos a fondos buitres», en *El País,* 28 de diciembre): https://elpais.com/politica/2018/12/28/actualidad/1545982331_650044.html

24   Ya en 1985 se produjo la desregularización financiera con el Real Decreto-Ley 2/1985, más conocido como ley Boyer. Con base en estas disposiciones, entre otras, el Ministerio de Economía del PSOE modificó la ley de arrendamientos urbanos en 1994 de forma lesiva para la parte arrendadora. En 1996, con el gobierno del PP, entra en vigor la ley del suelo y con ella se flexibilizan en 2003 las normas de tasación de inmuebles con la Orden ECO/805/2003, permitiendo así la creación de la burbuja inmobiliaria.

25   La misma Unión Europea enumeró acciones que, de haber sido tomadas por el Banco Central, habrían evitado la burbuja. Entre otras, «toleró durante la expansión inmobiliaria que bancos y cajas de ahorros dieran hipotecas por importe equivalente al 120 por ciento o más del valor de la vivienda y no impuso un límite estricto a las entidades para evitar la concentración excesiva de los préstamos en el sector inmobiliario» (Oliveras Bruselas, Eliseo, 2010: «El Banco de España falló ante la burbuja inmobiliaria, según la UE», en *El Periódico*, 15 de diciembre: https://www.elperiodico.com/es/economia/20101215/banco-espana-fallo-burbuja-inmobiliaria-624786

En el año 2012, esta situación condujo a la PAH a presentar sus demandas políticas al gobierno, presidido por el PP, en forma de una iniciativa legislativa popular (ILP). Las demandas, que seguían la estela de la lucha, fundamentalmente eran tres: legislar la dación en pago con efectos retroactivos para desahucios hipotecarios de primera vivienda efectuados durante los años de la crisis, la paralización de todos los desahucios de primera vivienda sin alternativa habitacional y la creación de un parque de alquiler social con las viviendas de los bancos rescatados con dinero público. La ILP fue apoyada con su firma por 1.402.854 personas, casi tres veces el mínimo requerido para el trámite parlamentario y el récord en la historia del país. En febrero de 2013 la ILP llegó a ser votada en el Parlamento[26], pero fue rechazada y sustituida por una reforma de la ley hipotecaria diseñada por el PP. El movimiento tildó la reforma de paripé para evitar ir a la raíz del problema. Con ella se consiguió una moratoria de desahucios hipotecarios que solo podía ser aplicada a algunos casos. Además, a nivel jurídico no fue obligatoria, sino una recomendación de buenas prácticas bancarias. Sin embargo, a partir de entonces se empezaron a investigar a nivel europeo las malas prácticas bancarias —el vencimiento anticipado, cláusulas abusivas como la cláusula suelo y los intereses según el índice IRPH[27]— y luego estas investigaciones desembocarían en resoluciones y declaraciones institucionales poco halagüeñas para España.

Cuando resultó claro que el PP no iba a permitir un cambio legislativo que fuera más allá de lo cosmético, la PAH lanzó la campaña Obra Social[28]. El nombre de la campaña hacía referencia a las «obras sociales» (instituciones y fondos destinados a la acción social y cultural) de los bancos y en particular de las cajas de ahorros, cuya mala práctica y quiebra resultaron en la crisis hipotecaria. Tenía como objetivo acceder a la riqueza común expoliada en el rescate a través de prácticas de desobediencia. Empezamos a apropiarnos de las viviendas vacías de los bancos rescatados resultado de desahucios forzados, que permanecían cerradas desde su construcción para inflar precios o que habían quedado inconclusas por pertenecer a constructoras e inmobiliarias en quiebra.

---

26 En el blog estatal de la PAH se describió la votación con estas palabras: «Este martes, se vota la admisión a trámite de la ILP. Votan si se puede votar. Se vota reconocer o despreciar el trabajo de las miles de personas que han recogido firmas por esta ILP, de los centenares de miles que lo han firmado, de las centenares de miles de personas afectadas. Se vota el descrédito definitivo de algunos grupos políticos o mostrar voluntad política de escuchar las demandas ciudadanas. [...]. El PP ha anunciado que votará en contra. Esta decisión es incompatible con la defensa de los derechos humanos. Responde a intereses de grupos de presión vinculados a entidades financieras, muchas de ellas rescatadas con dinero público, que continúan enriqueciéndose y desahuciando a miles de familias en nuestro país» («Concentraciones frente a las sedes del PP y el Congreso», 12 de febrero de 2013): https://afectadosporlahipoteca.com/2013/02/12/concentraciones-sedes-pp-ilp/

27 Mediante la circular del Banco de España 5/1994, se creó el Índice de Referencia de Préstamos Hipotecarios (IRPH). Existen tres tipos para operaciones a más de tres años: en bancos, cajas y conjuntos de entidades. La clave de los abusos bancarios a través del IRPH está en la opacidad de las operaciones individuales y la falta de supervisión, que provocan que el índice sea fácilmente manipulable. Véase la sentencia del Tribunal de Justicia de la Unión Europea del 3 marzo de 2020: http://curia.europa.eu/juris/document/document.jsf?docid=223983&doclang=ES

28 Véase la página de la campaña Obra Social de la PAH en la web estatal de la Plataforma: https://afectadosporlahipoteca.com/obra-social-pah/

Así recuperamos esos activos tóxicos inmobiliarios que para nosotras suponían poder construir un hogar y un proyecto vital libres de deuda. En enero de 2012, la entonces comisión de vivienda de la Asamblea del 15M-Vallekas ya había recuperado un edificio de 14 casas propiedad de una empresa en concurso de acreedores (que luego pasaría a la Sareb como activo tóxico). En abril de 2014, después de una preparación de seis meses, PAH Vallekas recuperó otros dos edificios propiedad de bancos. Entraron a vivir en ellos un total de 15 familias y personas, una de ellas nuestra compañera Mina, que ya no podía pagar su pequeña habitación alquilada de manera irregular en un piso compartido. Mina se había quedado sin renovación de su beca de estudios y se daba cuenta de lo insostenible que era endeudarse para cubrir los gastos básicos de vivienda y comida. Había decidido quedarse en España pese a todo e iba a luchar por mantener su decisión.

El edificio en el que entraron a vivir Mina y otras tres familias pertenecía a Caja Madrid, la entidad más infame del rescate bancario (si recordamos, dueña también de las hipotecas de Aisha y Libertad). Caja Madrid era la caja de ahorros de la Comunidad de Madrid, dirigida por Miguel Blesa —amigo personal del presidente José María Aznar (PP)— y cuyo consejo directivo estaba formado por políticos de los diferentes partidos. Blesa desarrolló una política expansiva de la caja comprando activos extranjeros, concediendo préstamos multimillonarios a todos los empresarios de la región e hipotecas de alto riesgo. El resultado fue una deuda colosal que con la crisis de 2008 quedó al descubierto y Caja Madrid fue rescatada con dinero público.

Para rescatar Caja Madrid y otras cajas en quiebra, el Estado español creó el Banco Financiero y de Ahorros (BFA), entidad que jurídicamente hablando fue un SIP (sistema institucional de protección)[29]. Se trataba de un dispositivo de nuevo tipo, diseñado a medida para las necesidades del sector financiero[30]. Bajo el BFA se fusionaron siete cajas de ahorros[31] rescatadas por el Estado español, que les prestaba su protección institucional a través del SIP y consolidaba el préstamo inicial de 4.465 millones euros de dinero público. Este dinero se canalizaba a través del FROB (Fondo de Reestructuración Ordenada Bancaria), otra estructura inventada a medida[32] que había sido creada un año antes del SIP. Así, mientras nosotras ocupábamos las plazas de todo el Estado al grito de «Nos somos mercancía en manos de políticos y banqueros», nació Bankia, presidida por Rodrigo Rato (años después encarcelado por el caso de corrupción de las tarjetas *black* y a día de hoy investigado por blanqueo de capitales). Jurídicamente era una filial del BFA

---

29 Véase «Sistema institucional de protección», en *Wikipedia:* https://es.wikipedia.org/wiki/Sistema_institucional_de_proteccion

30 Véase artículo 25 del Real Decreto-Ley 6/2010, del 9 de abril, de medidas para el impulso de la recuperación económica y el empleo.

31 Además de Caja Madrid, las cajas en cuestión eran Bancaja, La Caja de Canarias, Caja de Ávila, Caixa Laietana, Caja Segovia y Caja Rioja.

32 Véase el Real Decreto-Ley 9/2009, del 26 de junio.

y en la práctica su marca comercial hacia clientes minoristas. Salió parcialmente a bolsa en julio de 2011[33]. A través de Bankia, los protagonistas de la estafa hipotecaria de las cajas de ahorros volvieron a la carga con un nuevo juguete pagado entre todos y todas, con la promesa falsa de devolver los millones perdidos. La fiesta del despilfarro seguía y en 2012 el Estado invirtió en Bankia 17.959 millones más provenientes del rescate europeo. Además, Sareb compró con dinero público bienes inmobiliarios de Bankia por valor de 22.317 millones, de los que el Estado solo ha recuperado una pequeña parte.

Ya habían entendido que la cuenta corría a cargo de otros. Corría a cargo de toda la sociedad: las ayudas interminables a Bankia y el resto del sector bancario rescatado se tradujeron directamente en recortes y endeudamiento público del Estado español. Mientras Bankia solicitaba millones y millones, no paraba de desahuciar familias. Una de las que se enfrentaron a la amenaza de desahucio de mano de Bankia fue nuestra compañera Aisha, que en 2010 se había quedado sola con su hija y cargaba con los cuidados, la depresión y una hipoteca impagable a cuestas. Para que nos hagamos una idea del cinismo de las metas políticas que se plantearon en esos años[34], solo hay que recordar que, en la lógica neoliberal, Rodrigo Rato y compañía estaban intentando cumplir su responsabilidad con la sociedad, es decir, desahuciar para sanear las cuentas y así devolver el dinero del rescate. Ellos son conscientes de la violencia que libraron y siguen librando, y por ella es preciso decir que libraron una guerra del capital contra la vida. Y en medio de esa guerra la PAH supuso para muchas compañeras el mínimo para seguir adelante, un respaldo material para la vida, una trinchera desde la que seguir luchando.

En la PAH se afirmaba, como en el 15M: «Esta crisis es una estafa» y «Esta crisis no la pagamos». Al poner en común cada caso y formarnos en los entresijos de los mercados financieros, podíamos afirmar que «no pagar» no debía ser ninguna vergüenza. Habían utilizado las hipotecas, con condiciones irregulares y prácticas abusivas, para alimentar un sistema bancario enloquecido, y no les importaba que no las fuéramos a devolver, porque el negocio estaba en la compraventa de deuda en otros circuitos financieros. Con la concesión de estas hipotecas enloquecidas hinchaban todavía más el precio de la burbuja y concedían hipotecas cada vez más infladas, ya sin ninguna relación con su valor real. Los poderes públicos habían colaborado de forma activa con la burbuja.

---

33 Para más detalles, véase «Bankia», en *Wikipedia*: https://es.wikipedia.org/wiki/Bankia La Fiscalía Anticorrupción llevó esta salida a juicio por «sacar a bolsa una entidad con una sobrevaloración ficticia, la imponente campaña de publicidad para atraer inversores o mantener la ficción de la viabilidad de la matriz tras salir al mercado, no pueden considerarse errores empresariales. En este sentido, ha asegurado que todo fue una "táctica" de los gestores para mantener sus puestos y privilegios» (Antequera, José, 2019: «Salida a bolsa de Bankia: una estafa planeada para mantener los privilegios de las élites corruptas», en *diario16.com*, 10 de septiembre): https://diario16.com/salida-a-bolsa-de-bankia-una-estafa-planeada-para-mantener-los-privilegios-de-las-elites-corruptas/ Rato fue absuelto en 2020 porque el Banco de España, la Comisión Nacional del Mercado de Valores (CNMV), el Fondo de Reestructuración Ordenada Bancaria (FROB) y la Autoridad Bancaria Europea (EBA) habían dado el visto bueno a la operación; compárese con la nota 25 para un buen ejemplo de cómo se exculparon unas instituciones a otras de la estafa financiera y la crisis social subsiguiente.

34 Si bien en escala histórica no tienen nada de nuevo, más bien replican ahora en el continente europeo los horrores neoliberales vividos en décadas anteriores en África y América del Sur.

Cuando alguien llegaba llorando a la asamblea —porque se quitaba de comer para pagar la casa, porque llevaba días sin ver a sus hijos por tener varios trabajos o porque le era imposible pagar la letra entera y eso le hacía entrar directamente en el proceso de pérdida de su casa—, compartíamos todo lo que habíamos aprendido y comprendía que no era justo estar pagando con su vida la estafa bancaria, cuando de hecho ya la estábamos pagando con los rescates públicos, con una deuda pública de la que nos hacíamos cargo todas las personas sin que nos hubieran preguntado.

La base de la lucha de la PAH fue, desde el primer momento, desobedecer la deuda como «condición estándar de la existencia de la clase obrera»[35]. Primero, la dación en pago sin deuda: luchar para que con la pérdida de la propiedad de la casa se acabara la deuda; los bancos habían hinchado los precios al conceder hipotecas de riesgo, no debíamos cargar con una deuda que ellos habían alimentado. Segundo, luchar por el alquiler social en esa vivienda de la que se perdía la propiedad; los bancos estaban siendo rescatados con dinero público, qué menos que no dejar en la calle a sus rescatadores. Pero, si no se conseguía el alquiler en esa u otra vivienda, la Obra Social suponía la herramienta necesaria para no quedarse en la calle y volver a la lucha exigiendo a los bancos propietarios un alquiler social en esas viviendas recuperadas. Recuperábamos las casas de las que nos echaban los bancos o casas que llevaban años abandonadas para el barbecho especulativo, arrancábamos al capital espacios para la vida, para seguir viviendo.

También se trataba de demostrar, una vez más, que *sí se puede,* que existían miles de casas vacías y que su puesta en uso con alquileres sociales era posible. La reivindicación estructural era un parque público de vivienda en alquiler asequible a partir de los activos tóxicos pagados con deuda pública. Y mientras peleábamos por ello, obramos durante los peores años de la crisis para devolverle su función social a la vivienda bloque por bloque, piso por piso.

A través del trabajo colectivo práctico y la acción directa, se sumaron nuevos campos de reivindicación ligados a la vivienda: por ejemplo, los suministros básicos de agua, luz y gas empezaron a entenderse como parte inseparable de una vivienda digna. En el caso de pobreza extrema que impedía el acceso por vías legales, así como se recuperaron viviendas, también se tomaron medidas para garantizar el acceso energético por vías desobedientes.

A través de la acción directa, al cobijo de los recursos materiales arrebatados al capital y en el marco de la campaña pública que exigía que «si Bankia [al haber sido rescatada] era nuestra, sus pisos también» (una socialización masiva de la propiedad de los bancos rescatados), también nació algo más. Nació una comunidad en lucha gracias a la que

---

35 La cita completa a la que nos referimos es: «La decisión de rescatar a los bancos, pero no a los deudores de clase obrera, ha dejado claro que la deuda está diseñada para ser una condición estándar de la existencia de la clase obrera» (Federici, 2020, p. 111).

desde entonces podemos decir: «No estás sola» y «En la PAH nunca te quedarás en la calle». Y con el tiempo, la Obra Social se transformó en la puerta de entrada a la PAH y al movimiento por la vivienda digna para compañeras de recorridos bien diferentes. En PAH Vallekas no dudamos en aceptar a los y las nuevas compañeras que llegaron habiendo entrado a vivir en un piso vacío por su cuenta, habiendo sido estafados con un supuesto alquiler en un piso ocupado o que sencillamente no querían seguir viviendo en la calle, toda la familia en una habitación alquilada o en la casa masificada de sus parientes, o de sofá en sofá sin un sitio que llamar hogar. Pronto la Obra Social dejó de ser solo la última alternativa para las compañeras hipotecadas y empezó a serlo para gente que nunca se había hipotecado, como Mina y otras que se habían pasado la vida de alquiler en alquiler. Participar en la campaña permitió a todas reducir el coste de la vida y así ganar un poco de estabilidad económica y tiempo para luchar. Sobre todo, para muchas implicó por primera vez formar parte de una comunidad en lucha, algo que nos había hecho mucha falta en muchos sentidos. Con el paso del tiempo, muchos de estos «activos tóxicos» que habíamos convertido en hogares y espacios de encuentro terminarían reunidos en el llamado «banco malo».

7. EL BANCO MALO, EL ADVERSARIO DEFINITIVO

El destino de muchos de los activos inmobiliarios provenientes del rescate bancario fue la Sociedad de Gestión de Activos procedentes de la Reestructuración Bancaria, comúnmente llamada Sareb[36]. En el 2015, menos de un año después de la recuperación del edificio en el que vivía Mina, ella y sus vecinas se enteraron del cambio de propietario: Sareb se había quedado el «activo tóxico» en el que estaban haciendo su vida. En 2016, Gicela se convirtió en su vecina al entrar a vivir en un piso en un edificio colindante. La persona que le ofreció alquilar el piso en realidad lo había ocupado y estafó a Gicela para desaparecer poco después de la «venta del acceso» por 3.000 euros en concepto de «fianza» —a esto le llamamos la «venta de llaves», práctica que también se conoce coloquialmente como «el precio de la patada»—. Gicela, que se había instalado en la casa con su hija de nueve años y su madre septuagenaria, se enteró del estado de las cosas el segundo mes de su estancia, cuando acudió a su casa gente de traje —de una empresa que desconocía, pero que decía representar a la propiedad— respaldada por la policía. Ese día la cosa se quedó en un susto, pero Gicela empezó a enterarse de boca de los vecinos de lo que luego confirmaría en el Registro de la Propiedad. El piso pertenecía a Sareb, como fue el caso de cada vez más pisos que habían visto proyectos de vida naufragados en la zona baja de Vallekas, en el barrio de San Diego.

---

36   Sareb fue creada, mediante el Real Decreto-Ley 2/2012, con la finalidad de sanear la compra de activos —en el caso de viviendas, 80 por ciento de promociones fallidas y 20 por ciento de hipotecas impagadas— de los bancos y cajas a precio de mercado con la financiación europea de fondos MEDE y avales públicos MBOS, gestionados por el FROB. Para estudiar más sobre Sareb, se puede empezar con la entrada «Sareb» en *Wikipedia,* que se encuentra un poco desactualizada pero ofrece un repaso válido del contexto histórico en el que se crea Sareb y sus objetivos: https://es.wikipedia.org/wiki/Sareb

Sareb, la sociedad propietaria de las casas en las que se encontraban en 2016 tanto Gicela como Mina, es lo que desde los años ochenta se viene denominando «banco malo»: una estructura a través de la cual puede llevarse a cabo el saneamiento financiero en el contexto de una crisis bancaria[37]. Casi sin excepción, estas entidades terminan suponiendo una inversión elevadísima de fondos públicos para sanear contabilidades privadas y no devuelven nada a la sociedad más que deuda. Es el caso de Sareb desde el inicio hasta el momento actual[38]. La entidad española, opaca a todo control democrático, fue creada por el gobierno de Mariano Rajoy en 2012 para agrupar los activos inmobiliarios (pisos, casas, locales, garajes, oficinas y suelo urbano) de los bancos en quiebra[39]. En definitiva, Sareb vino a encarnar el rescate bancario español que desencadenó el aumento de la deuda pública (multiplicada por la especulación con la «prima de riesgo»), causa de los recortes en sanidad, educación, servicios sociales y demás inversiones colectivas en la vida de las personas. Si nos preguntamos cómo se llevó a cabo en la práctica el endeudamiento de la sociedad sin que se nos consultase si queríamos adquirir esta deuda, tenemos nuestra respuesta en Sareb.

El plan de funcionamiento de Sareb era de 15 años. En los años 2015-2019, Sareb procedió a la venta agresiva de grandes carteras de fincas a gigantescos fondos globales. En los últimos años, consciente de su imagen mediática, la entidad ha puesto en marcha pequeñas operaciones caritativas, cediendo algunos edificios o pisos sueltos en ayuntamientos sin gran importancia inmobiliaria (como en Madrid[40] o Barcelona[41]). Mientras,

---

37 Sobre el concepto e historia de los bancos malos, véase «Banco malo», en *Wikipedia:* https://es.wiki
pedia.org/wiki/Banco_malo. El banco malo español tiene o ha tenido sus semejantes en Alemania (FMS-W),
Estados Unidos (Mellon Bank o City Holdings), Eslovenia (BAMC), Finlandia (OHY Arsenal y Sponda), Francia
(Dexia), Irlanda (NAMA), Letonia (Parex, luego Reverta), México y Portugal (Banco Espirito Santo), entre otros.

38 Tal y como ha reconocido públicamente hace poco su cúpula: R. Lander (2021): «Sareb no devolverá el 100 por
ciento de los 35.000 millones de deuda pública avalada», en *Expansión*, 13 de mayo: https://www.expansion.
com/empresas/banca/2021/05/13/609cfd72e5fdead06f8b469a.html

39 BFA-Bankia, del que ya hemos hablado, y Catalunya Banc, NCG Banco-Banco Gallego, Banco de Valencia y los
reestructurados Banco Mare Nostrum, CEISS, Caja3 y Liberbank.

40 En 2016, el gobierno municipal de Manuela Carmena anunció la cesión de 300 pisos de Sareb para uso social
tan solo para declarar luego que no se trataba de una cesión, ya que el Ayuntamiento iba a pagar un alquiler
por los pisos, y que el número de pisos que realmente se podían usar —para acoger a algunas de las más
de 25.000 solicitantes de vivienda pública— no llegaba a más de 150, porque la otra mitad se encontraba
ocupada por familias que no habían podido esperar a la lotería de la alcaldesa. Véase Belver, Marta (2016):
«El gobierno de Carmena alquila 300 viviendas a la Sareb» en *elmundo.es,* 28 de enero: https://www.
elmundo.es/madrid/2016/01/28/56a9ff1e22601da5558b463f.html En 2020, como parte de su esquema de
«responsabilidad social», Sareb vendió 16 de estos mismos pisos al Ayuntamiento de Madrid por el precio
de 1,67 millones de euros, añadidos otra vez a la cuenta de cuantas veces hemos pagado los mismos pisos
provenientes del rescate bancario con fondos públicos (véase la nota de prensa de Sareb: https://www.sareb.
es/sareb-vende-16-viviendas-al-ayuntamiento-de-madrid/).

41 A finales de 2015, el Ayuntamiento de Barcelona anunció la cesión de 200 pisos en un momento en el que
había 30.000 solicitantes de vivienda pública (véase la nota de prensa del Ayuntamiento de Barcelona: https://
ajuntament.barcelona.cat/dretssocials/es/noticia/barcelona-consigue-la-cesion-de-200-pisos-vacios-de-la-
sareb-para-emergencias-sociales_278025). Pese a las cantidades insuficientes, el recorrido político previo de
la alcaldesa Ada Colau en la lucha por la vivienda digna puede verse reflejado en la cesión se estructuró
contractualmente, se produjo sin pago de dinero público a Sareb y ha tenido su continuación en campañas
sucesivas que buscan modificar la legislación municipal para aumentar el número de pisos cedidos).

la respuesta a las exigencias de la PAH de cesiones sustanciales de inmuebles que permitan crear parques de vivienda pública en grandes urbes se ha quedado en nada.

La actitud de Sareb frente a la recuperación organizada de sus inmuebles para uso social ha sido siempre hostil. Está dispuesta a pasar por encima de la vida y los derechos de la población con tal de vender paquetes de activos y reducir su deuda, algo que todo el mundo —directivos, políticos, los mercados y la gente— sabemos que no va a pasar (el punto de partida, activos comprados a precios hinchados de la burbuja, lo hace materialmente imposible). No va a pasar, van a malvender esos activos, no van a recuperar el aval público, pero se niegan (la Sareb, el Ministerio de Economía y finalmente el gobierno español, antes del PP y ahora del PSOE) a que activos tóxicos avalados con deuda pública se conviertan en la vivienda pública que necesitamos. «Sí se puede, pero no quieren», decimos también en la PAH.

En su reacción, leemos un rechazo al cambio social profundo que podría suponer la difusión de estas prácticas. Supondría un reconocimiento de la conversión de la propiedad privada en un *bien común* que se produce a través de la desobediencia civil de la PAH; que todo el mundo comprendiera que «*los comunes* [son] una realidad ya presente, encarnada especialmente en las formas comunitarias de organización social existentes»; que su potencia está en que «anticipa[n] un mundo más allá del capitalismo y pone[n] la cuestión de la reproducción social en el centro del cambio social», y esto es, sin lugar a duda, lo que han hecho las «obras sociales» creadas por la PAH[42]. En esta misma línea de pensamiento, queremos citar a Michele Spanò, filósofo y jurista que colabora con las compañeras argentinas en lucha por la vivienda:

> El concepto de propiedad supera la dialéctica entre derecho público y derecho privado. Hablamos de derechos no propietarixs, como la salud, el medio ambiente y la vivienda. Esto remite a cuestiones que son colectivas, que no son ni patrimoniales ni burocráticas administrativas. Hay que introducir lo múltiple en el derecho. Esto nos lleva a pensar en un derecho que no es ni público ni privado, esta perspectiva se hace cargo de la centralidad de la esfera de la reproducción. La separación entre derecho privado como economía y derecho público como política no tiene más sentido en las relaciones capitalistas actuales[43].

En los peores años de la crisis, estas nuevas prácticas que convierten la vivienda en un derecho colectivo y un bien común se propagaron tanto en los movimientos organizados como en la sociedad empobrecida.

---

42   Las citas son de Federici (2020, p. 31).

43   Grupo de Investigación e Intervención Feminista (2020, p. 4): http://genero.institutos.filo.uba.ar/sites/genero.institutos.filo.uba.ar/files/Deuda%20y%20violencia%20propietaria.pdf

El contraataque de Sareb y el resto del sector financiero no tardó en llegar a través de inge-
niería legal: para no dar opción a la defensa en caso de desahucio o desalojo, aparecieron
instrucciones judiciales y policiales que instan a los funcionarios a denegar el derecho
de los ocupantes a identificarse como los habitantes de la casa ocupada. Como no se
produce la identificación inicial, las cartas que llegan del juzgado en su debido tiempo avi-
sando del desalojo no llevan el nombre y los apellidos de los habitantes. Al ser así, estos
no pueden acudir a las instancias judiciales para solicitar una prórroga o pelear su caso,
porque no pueden acceder a la defensa jurídica que garantiza la Constitución española, la
justicia gratuita. Ahora supone un gran esfuerzo conseguir un abogado de oficio cuando
vives en una vivienda en precario, es decir, sin título legítimo. Pero nosotras también
hemos aprendido y construido herramientas jurídicas, acciones directas y alianzas políticas para defendernos; por ejemplo, la producción del famoso «Recurso 704» para retrasar
30 días el desalojo[44]; la instrucción colectiva de cómo ejercer el derecho a la inscripción en
el padrón municipal en la casa sin presentar contrato; el acceso a los suministros básicos
como derecho humano; las alianzas con trabajadores sociales para garantizar la emisión
de informes que acreditan la situación de vulnerabilidad por parte de los Servicios Sociales; las cada vez más numerosas intervenciones internacionales, producidas gracias a los
recursos presentados en el Comité de Derechos Económicos, Sociales y Culturales de
las Naciones Unidas, que valoran los daños irreparables que producirá un desahucio concreto[45]; el intercambio con el Defensor del Pueblo, en particular en casos que implican a
Sareb por su responsabilidad social como entidad con el 45 por ciento de capital público,
cuyo control político ejercen los Ministerios de Economía y Fomento.

El mensaje político que lanzó la Obra Social es que en cada una de las casas recuperadas a Sareb podría vivir una familia pagando un alquiler ajustado a sus ingresos, un
alquiler que además recuperarían las instancias públicas y podría volver a ser invertido
en la sociedad. Mientras falte la voluntad política que anteponga el bienestar social
a los intereses del sector bancario y socialice los pisos que Sareb ha acumulado por
el rescate bancario, nuestro objetivo de mínimos, cotidiano, aun parcial, es regularizar
cada vivienda en precario con un contrato de alquiler social con Sareb. El alquiler social,
al igual que en los casos hipotecarios en los que se ha perdido la propiedad, debe estar
entre el 10 y el 30 por ciento de los ingresos de la unidad familiar y el contrato no debe

---

44   Se trata de un recurso jurídico básico de aplazamiento de la fecha de lanzamiento de desahucio cuyo uso se
     extendió en los años de la crisis hipotecaria gracias al trabajo de la PAH. Responde al artículo 704.1 de la espa-
     ñola Ley de Enjuiciamiento Civil, que dicta lo siguiente: «Cuando el inmueble cuya posesión se deba entregar
     fuera vivienda habitual del ejecutado o de quienes de él dependan el secretario judicial les dará un plazo de un
     mes para desalojarlo. De existir motivo fundado, podrá prorrogarse dicho plazo un mes más. Transcurridos los
     plazos señalados, se procederá de inmediato al lanzamiento, fijándose la fecha de este en la resolución inicial
     o en la que acuerde la prórroga». Entre las citadas razones fundamentadas, además de evidentes situaciones
     de vulnerabilidad socioeconómica y la falta de alojamiento alternativo tras el desahucio, la PAH ha introducido
     sistemáticamente razones políticas que reclaman el cumplimiento de la función social de la vivienda en cuestión.

45   Véase la historia de Sole en el capítulo 12 (p. 80 y ss.) para conocer el funcionamiento de este recurso
     internacional del Comité DESC.

incluir cláusulas ilegales ni abusivas (algo frecuente). Sareb, al igual que muchos bancos, ha cedido frente a algunos reclamos de alquiler social, pero desde hace tiempo busca darle otra definición mucho más miserabilista: solo la gente con hijos en las peores condiciones puede optar al alquiler. La definición miserabilista de quién tiene acceso al alquiler social provoca una competición para ver quién está peor, y es una táctica que obliga a las personas a sacar todas sus vulnerabilidades y victimizarse para alcanzar lo que debe ser un derecho (igual que les ocurre en Servicios Sociales y las empresas públicas de vivienda). Alimenta la «guerra entre pobres» al jerarquizar las desgracias y dejar fuera a muchas personas en situación muy complicada que pueden asignar su rechazo a cuestiones relacionadas con el estatus de residencia o una identidad no normativa de género. Se basa siempre en criterios natalistas (ya que conlleva la oposición a firmar contratos con personas y familias sin prole) y tiene una fuerte tendencia a priorizar familias que actúan de manera aparentemente aislada (no organizada en ningún grupo que articule el conflicto sobre la vivienda en términos políticos) y que acepten el alquiler social en otra vivienda, barrio o pueblo (lo cual se lleva a cabo con el desarraigo planificado que implican los realojos en distritos periféricos de la ciudad o incluso en otras ciudades de la provincia, lejos de las redes de barrio, familiares y el resto de la comunidad). De ahí el último de los criterios que PAH Vallekas ha añadido a la lucha por el alquiler social, el «derecho al arraigo»: los alquileres sociales deben ser concedidos en las casas, o al menos en los barrios, donde las personas tienen sus redes, sus espacios de encuentro, su colegio.

A nivel estratégico, la lectura que hacemos de la respuesta de Sareb a nuestras luchas pasa por afirmar que a Sareb le jode que luchemos juntas. Jode que nos hayamos encontrado, jode la organización popular de base. Jode que quien reclame regularización con alquiler social en una casa ocupada no se presente ya como un mero objeto de caridad, útil para la limpieza de su imagen pública. Desde hace tiempo, el sujeto que les habla se ha hecho fuerte, se ha ganado una voz junto a otras y habla de derechos al enfrentarse al cinismo del rescate bancario. Y eso es precisamente lo que las compañeras hemos conseguido juntas.

8. MUJERES EN DEFENSA DE LA CASA COMÚN

Hemos visto cómo Aisha luchó desde pequeña para ser la dueña de su propia vida, para no repetir los errores de su mamá. Mina soñó con la misma autonomía y encontró en la lucha por la casa una herramienta fundamental para no vivir bajo el mandato del padre ni de los novios. Gicela huyó de una pesadilla de violencia machista y se curó del miedo y de la vergüenza en PAH Vallekas. Carla se implicó en la lucha por la vivienda gracias a su temprana conciencia social y a sus ganas de hacer barrio junto a otras mujeres. Libertad se hizo fuerte al encontrarse con otras mujeres en lucha y volvió a reconocer su valor y sus deseos después de largas décadas de ninguneo por parte de su exmarido.

Cuando el feminismo empieza a hacerse una parte explícita de sus vidas, responde a la necesidad de entender el propio recorrido vital, las propias reacciones y resistencias frente a lo vivido y el deseo de mayor libertad.

Todas ellas cuentan, de una manera u otra, que las prácticas organizativas y colaborativas que aprendieron a cultivar desde que empezaron a habitar PAH Vallekas iban permeando también otros ámbitos de su vida. Cuando intentamos nombrar de qué se trataba en concreto, algunas definiciones de esas prácticas fueron: «soltar lastre, [porque] no tengo ni fuerzas ni tiempo, quiero a los hombres y los banqueros parásitos fuera de mi vida»; «aprender a hablar verdad al poder», como dicen los angloparlantes: «sabiendo que cuesta, que tiene su precio, que muchas veces es real y monetario, pero poderles explicar a la cara el daño que hacen, nosotras nos hacemos más enteras como mujeres»; «ganar una voz propia», pero una que ya no es individual, sino «una voz mezclada con otras, enriquecida de las mil experiencias y la fuerza de otras». Se mezclan ideas de feminismo intuitivo popular con la idea de los comunes —que ya existen en la práctica de la Obra Social de la PAH—. Al vivir en un edificio recuperado, en el que compartimos los trabajos de adecuación y reparación, tomamos juntas decisiones sobre la negociación y nos sabemos cerca para lo que necesitemos y para la compañía; la Obra Social nos aporta a las mujeres en particular «la posibilidad de superar el aislamiento en el que se llevan a cabo las actividades reproductivas y la separación entre las esferas pública y privada que tanto ha contribuido a esconder y racionalizar la explotación de la mujer en la familia y el hogar».

Este feminismo sentido, cotidiano, este feminismo popular de lento nacimiento en el seno de PAH Vallekas se puede definir como un *feminismo que está a mano*. No un feminismo que está allá lejos de nuestro día a día, en los libros que no llegan a nuestro alcance, en las conferencias académicas de otros lenguajes o en foros y oenegés que habitan las activistas de carrera. Por otro lado, ha sido siempre un *feminismo que avanza de la mano*, con sus múltiples significados: feminismo que avanza de la mano de la lucha por la vivienda, de la mano de las vidas concretas de las compañeras de PAH Vallekas, pero también de la mano de la nueva revolución feminista sudamericana. Creemos que, si no fuese por el movimiento Ni Una Menos y el llamamiento a la huelga feminista (primero en Argentina en 2016 y luego en todos los continentes), quizá nunca se hubiese explicitado el feminismo intuitivo popular de quienes luchamos juntas en PAH Vallekas. O tal vez sí, pero de otra manera, más definida por las compañeras jóvenes que se han hecho feministas en entornos políticos habitados por una mayoría aplastante de mujeres blancas, jóvenes y con estudios universitarios. En ese caso, lo que quizá habríamos perdido es la conexión con la potencia de las voces latinas, afrodescendientes, chicanas, originarias, migrantes... y el calado que ha tenido en nuestro grupo, en su mayoría formado por mujeres migrantes de América del Sur.

En 2015, invitadas por una de las compañeras, algunas de las mujeres de nuestro grupo habían participado en un proceso de investigación de fin de carrera sobre lo que la deuda significaba a nivel subjetivo. No se trataba de una investigación feminista, pero la mayoría de quienes aportaron en ella fueron mujeres y para muchas supuso una oportunidad de reflexionar en torno a la manera en la que el endeudamiento cambiaba lo que eran y sentían, cómo el impago sobrevenido intervenía en su manera de relacionarse con el mundo, de qué manera proyectaron sus deseos al futuro antes y después del endeudamiento y cómo organizaron sus vidas bajo el condicionante que suponía. Algunas se quedaron buscando palabras para expresar lo que les pasaba como mujeres en una sociedad patriarcal, y a inicios de 2016 se dieron encuentro cuatro mujeres y pasaron un día entero contándose sus recorridos vitales con todas sus tragedias y luchas. Antes de despedirse, se bautizaron «el grupo de las palabras encontradas». Hubo varios intentos de volver a juntarse e invitar a otras mujeres en el marco de una suerte de feminismo instintivo que se había respirado aquel soleado día en la terraza de una de las casas de Obra Social de PAH Vallekas, pero la propuesta no se materializó. Quizá, como indicaba el nombre del grupo de corto recorrido, ya habían encontrado las palabras que necesitaban y así estaba bien.

Antes de que la convocatoria de la huelga feminista cruzase el charco y llegase a Madrid, la tradicional manifestación del Día de la Mujer llevaba unos años siendo un éxito en términos de asistencia. «Venimos de un proceso de mucha efervescencia, contestación y movilización feminista porque en 2013 el ministro de Justicia del PP, Alberto Gallardón, había presentado un proyecto de ley por los derechos del no nacido y la mujer embarazada que recortaba el ya limitado derecho al aborto», hace memoria Justa Montero. Ella, integrante del movimiento feminista de Madrid, nos recuerda la victoria histórica que supuso conseguir que se retirara la propuesta de ley, y no solo: después de su derrota política, Gallardón dimitió en septiembre de 2014. «Todo eso llevó a que el 8M del 2016 en España fuera masivo y con mucha fuerza», describe Justa. El mismo 8 de marzo, el movimiento Ni Una Menos convocó en Argentina la primera huelga feminista en repudio de los feminicidios. Y ya estaban germinando nuevas formas de lucha también en España: en el movimiento feminista madrileño, las compañeras llevaban dos años en un proceso interno para repensar la convocatoria del 8M. «No queríamos que se convirtiera en mero ritual anual», cuenta Justa.

Para las mujeres de PAH Vallekas, el 8M de 2016 fue además el primer año en el que la Plataforma de Afectados por la Hipoteca se reconoció en el llamamiento y cambió al color morado el famoso logo verde de la casa hundiéndose en las olas de la especulación inmobiliaria. «Ya en aquel entonces estaba claro que la PAH tenía un liderazgo femenino e intervenía en un tema social con un sesgo de género clarísimo, pero estaba aún por ver en qué medida iba a haber un paso desde lo femenino a un feminismo explícito y concreto —describe nuestra compañera Mina—. Muchas queríamos que sucediera y por fin empezó». A partir de ahí, se multiplicaron las citas para pensar la vivienda desde el punto de vista feminista. El deseo colectivo creció, empezaron a agendarse encuentros y talleres que tuvieron como horizonte de acción colectiva la siguiente huelga feminista. De repente, no fue difícil ver nuestra lucha en el contexto de las muchas luchas que se dicen feministas. Queríamos una vida digna en una vivienda digna, para nada valía una casa si dentro de ella no podíamos tener las riendas de nuestra vida.

La convocatoria de 2017 se definió por las lides marcadas por los movimientos feministas argentino y polaco; ambos estaban atravesando un momento intenso de lucha —en Argentina en contra de los feminicidios, y en los dos países por los derechos reproductivos y el aborto en concreto— y habían adoptado el formato de huelga como principal herramienta. «Esto tuvo un enorme impacto dentro de la Comisión Feminista del 8M y se planteó sumarse a este proceso para marcar un nuevo internacionalismo feminista —señala Justa—. Lo que se convoca es un paro laboral de media hora por la mañana y media hora por la tarde», sigue contando y resalta que se debatieron mucho las repercusiones que pudieran sufrir las mujeres precarias y trabajadoras informales. «Ese fue el inicio tímido que, sin embargo, permitió que luego se empezara a pensar en la huelga de manera mucho más ambiciosa». Las mujeres de PAH Vallekas participamos en la manifestación impresionante que cerró la jornada de la primera huelga feminista convocada en Madrid con un bloque propio, pequeño pero salvaje y ruidoso. Otros grupos madrileños de lucha por la vivienda acudieron también y muchas compañeras habían optado por acudir con sus familias enteras. Bailamos, cantamos, nos volvimos un poquito locas de alegría y poderío. Sobre todo, nos sabíamos fuertes como parte de un levantamiento global, como reflejaba a la perfección el manifiesto del movimiento feminista autónomo:

> Este 8 de marzo de 2017 traemos más fuerza que nunca porque somos muchas más. Estamos todas unidas por una misma causa. Respondemos al llamamiento del paro internacional feminista. Estamos en Argentina frente a los crímenes machistas y su intento de aterrorizarnos y victimizarnos; estamos en Estados Unidos frente al misógino Trump y su giro neoconservador; estamos en Rusia, frente a una ley que despenaliza el maltrato contra las mujeres y criminaliza la diversidad sexual; estamos contra las persecuciones y asesinatos de activistas feministas por defender su territorio, desde el Sahara Occidental hasta Honduras; estamos en Polonia, contra los intentos de ilegalizar el aborto demostrando que el movimiento feminista puede hacer una huelga general y tumbar una ley. Porque estar juntas nos da fuerza, emergemos creando comunidad y estableciendo lazos de ayuda entre nosotras. Porque su lucha es nuestra lucha, porque estamos todas juntas. De este modo creamos el mundo en el que queremos vivir. ¡Nos unimos al paro internacional contra el heteropatriarcado! ¡No tenemos miedo, nos organizamos[46]!

---

46 «Manifiesto del movimiento feminista autónomo de Madrid», 8 de mayo de 2017: http://www.feministas.org/madrid/wordpress/wp-content/uploads/2017/03/Manifiesto-8M2017.pdf

Las compañeras de PAH Vallekas que compartimos comentarios, durante y después, coincidimos en estar viviendo algo nuevo. Muchas de nuestras valoraciones tenían que ver con lo que implicaba *parar*, esa maravilla que algunas nunca se habían planteado antes. Se respiraba entre nosotras algo parecido a lo que Katsí Yarí Rodríguez Velázquez puso magistralmente en palabras dos días después:

Un día paras. Tomas la decisión de parar. Dejas al mundo en off y te enfocas en oírte a ti. Haces tiempo para entenderte, para conocerte y reconocerte, para saber qué tanto duele y no solamente que duele. A pesar del mundo te cuidas como puedes. A pesar del mundo, meditas, sueñas e imaginas otro mundo. A pesar del mundo, resistes. Y el significado de resistencia se expande. Entiendes que va más allá de reaccionar a lo que te ofrece el mundo, a lo que ve en ti el mundo y a lo que el mundo quiera hacer contigo. Entiendes que resistir tiene mucho más que ver con decidir. Con parar y decidir. Porque el mundo hace todo para pasarle por encima a una pero una también pasa por y le pasa al mundo. Decides qué quieres, cómo vas a pasar por el mundo y con quiénes. Decides en qué vas a poner tu energía y tus ganas. Decides cuáles son y serán tus batallas. Respiras y decides que el mundo no te tendrá más a sus pies. [...] En medio de la supervivencia despiertas deseando otras cosas y aprendes a vivir[47].

Con esta nueva potencia encontrada, en el movimiento por la vivienda se planteó desde pronto preparar un bloque unitario de todos los grupos integrantes de la Coordinadora de Vivienda de Madrid (el espacio de coordinación del movimiento de vivienda de la Comunidad de Madrid) para la huelga del año siguiente. El año anterior había visto una asistencia mixta, porque muchas de las compañeras madres hicieron posible su asistencia llevando a sus peques a la manifestación y asistieron numerosos compañeros con motivos variopintos (desde novios y maridos para ayudar con les hijes a compañeros que querían apoyarnos). El bloque preparado para la manifestación de 2018 por todos los grupos de la Coordinadora decidió sumarse a la cabecera no mixta del movimiento feminista autónomo de Madrid. La decisión fue impulsada por la difusión y cada vez más extenso arraigo de una cierta propuesta sobre el rol que los hombres podrían desarrollar en la huelga feminista: hacerse cargo de los trabajos de cuidados, apoyar sin exigir reconocimiento ni visibilidad por ello. En paralelo con la manifestación y las otras acciones, se organizaron numerosos «puntos de cuidados» por toda la ciudad, uno de ellos en la sede de PAH Vallekas en el centro social La Villana de Vallekas. Así, las compañeras pudimos alimentarnos sin cocinar ni hacer trabajar a otras, y las madres pudieron dejar a sus hijes y familiares mayores o dependientes al cuidado de los compañeros durante la jornada de lucha. Se convocó una huelga laboral de 24 horas respaldada por los sindicatos mayoritarios y muchas instituciones educativas cerraron parcial o totalmente

---

47   Rodríguez Velázquez, Katsí Yarí (2017): «Parar», en *80grados*, 10 de marzo: https://www.80grados.net/parar/

para la huelga estudiantil. La huelga de cuidados y consumo llenó la capital de acciones directas y simbólicas, y culminó en la manifestación del 8 de marzo de 2018 en Madrid: un éxito histórico que inundó el centro con una asistencia masiva que en las estimaciones más altas llegó a un millón de manifestantes. La pancarta de la cabecera anunciaba: «Paramos para cambiarlo todo» y la del bloque unitario de las mujeres del movimiento por la vivienda madrileño recordó: «Sin nosotras no se paran los desahucios».

Luego, en el verano del mismo año, dos compañeras argentinas miembros del movimiento Ni Una Menos visitaron el barrio y cenaron con algunas de las compañeras. En un solar ocupado y convertido en parque vecinal, el Parque Vecinal Autogestionado Sputnik, ya en la oscuridad de la noche, intercambiamos historias sobre nuestras respectivas luchas y en particular nuestras huelgas feministas. Uno de los conceptos nuevos que más resonó con nuestra necesidad de consolidar un feminismo que *está a mano* y *va de la mano* fue el de *las asambleas situadas*. Contaron que allí, en Argentina, la huelga no se organizaba desde una estructura central, sino desde múltiples asambleas situadas, de las que muchas no eran asambleas inscritas en el movimiento feminista, sino que partían de una lucha sectorial, como la recogida de la basura o los comedores populares. Esta forma de organizar las reivindicaciones feministas desde las luchas ya existentes, en nuestro caso desde la lucha por la casa, fue lo que habíamos buscado sin saberlo nombrar. Otra de las nociones que aportaron para nuestro proceso fue aceptar *la imposibilidad de parar*. Nos animaron a partir de que es imposible parar del todo y plantearon que construyéramos nuestra lucha feminista ampliando, poco a poco, la posibilidad de parar a cada vez más compañeras y campos de la vida. Y así hicimos: en nuestros encuentros previos a la huelga del año 2019, algunas de las mujeres de PAH Vallekas profundizamos mucho en lo que nos implicaba parar y qué necesitábamos para hacerlo. Entre quienes estuvieron, el planteamiento colectivo llegó a ganar madurez política y organizativa, que sin embargo no alcanzó a todas las mujeres del grupo. Los temas que produjeron cierto desencuentro con las compañeras que no participaron en la preparación colectiva tenían que ver sobre todo con la decisión de asignar a los hombres del grupo el rol de cuidadores durante la jornada de lucha del 8M y exigirles que se quedaran cumpliendo ese papel en vez de participar en la manifestación y las acciones en el espacio público. Estas cuestiones, que son de sobra conocidas en el movimiento feminista, surgieron en ese momento por primera vez de manera real en el seno de nuestro grupo mixto y celebramos que haya sucedido, porque permitieron crear nuevas disposiciones entre los compañeros como posibles aliados.

Así ha sido y sigue siendo cómo se tratan los temas de calado feminista entre nosotras: desde la necesidad, porque surgen de repente y demandan ser hablados, de una manera que también implica «a trompicones» y a menudo sin poder profundizar mucho (que a veces significa «no lo suficiente» y otras, «sin complicarnos»). Además, las mujeres de PAH Vallekas nunca formamos parte de la estructura organizativa de la Comisión Feminista del 8M, ni siquiera llegamos a participar en el Eje de Economía y Precariedad, el grupo de trabajo al que algunas compañeras de otros grupos de lucha por la vivienda sí llevaban nuestras reivindicaciones como mujeres en defensa de la casa y donde se contagiaron de otras posturas feministas que sin duda llevarían a sus asambleas situadas. Al no participar de las estructuras organizativas centrales, no vivimos de cerca las luchas de poder que empezaron a tener lugar cuando sectores del feminismo institucionalizado buscaron apoderarse del movimiento feminista, que se había vuelto masivo. Algunas se mantuvieron al tanto como pudieron, pero es mejor que lo cuente Justa Montero:

> El proceso de los años 2017 al 2019 da lugar a un movimiento feminista muy fuerte, muy reconocido y expresado desde la autonomía, que formula una crítica a las causas estructurales de la opresión de las mujeres y se define como anticapitalista, antirracista y antiheteronormativo. Esto evidentemente choca de pleno con el feminismo institucionalizado, liderado por mujeres vinculadas al Partido Socialista, que tienen acceso a los medios de comunicación, vinculadas con posiciones de poder en gobiernos autonómicos y ayuntamientos… Y sobre todo un feminismo muy tradicional que desde las jornadas estatales de la Coordinadora Feminista Estatal de las Organizaciones Feministas en 2009 y desde todo lo que supuso el 15M no ha dialogado con los procesos que se están dando. Estos procesos tienen como protagonistas a mujeres jóvenes que plantean otras realidades, otras propuestas, otros enfoques, a las que no logran ni entender y, es más, lo rechazan…, porque es como una impugnación a su feminismo «oficial» existente, porque no cogen sus postulados como la «verdad» feminista. Y de ahí empieza todo un proceso de bombardeo para debilitar el proceso del 8M.

En paralelo, también los conflictos de poder se nos hicieron presentes en el seno del movimiento por la vivienda, mientras en el barrio nos enfrentamos a una intensificación dolorosa de la violencia inmobiliaria. Quizá por la suma de todo esto, la manifestación del 8M de 2020 nos encontró a las mujeres de PAH Vallekas sin una propuesta fuerte ni un proceso claro, con la sombra de la pandemia alargándose en Europa. Y aquí no cabe ningún relato en primera persona del plural, porque no fuimos a la manifestación juntas —y solo unos días después se nos impondría un paro de otro tipo.

En retrospectiva, la huelga feminista fue —y esperemos que siga siendo— un proceso, no solo un día al año, como precisa Verónica Gago[48]. Ha sido un proceso de alianzas, con hitos como el encuentro «¿Qué puede un centro social?» en La Villana de Vallekas en diciembre de 2016, en el que participaron sindicatos de base de trabajadoras domésticas

---

48   La cita a la que nos referimos es: «El paro no es una fecha en el calendario, sino un horizonte organizativo que nos permite desarrollar un proceso político» (Gago, Verónica, 2019): https://www.traficantes.net/sites/default/files/pdfs/TDS_map55_La%20potencia%20feminista_web.pdf

(Territorio Doméstico) y de limpieza hostelera (Las Kellys), aparte de muchas compañeras de PAH Vallekas, de las que varias además trabajan en los sectores representados por el sindicalismo de base ahí presente; o el encuentro transnacional «Una huelga de mucho cuidado», en febrero de 2019, cuando recibimos otra vez a dos compañeras argentinas de Ni Una Menos y volvimos a cruzar caminos de lucha con las trabajadoras domésticas de Territorio Doméstico. Y un proceso de formación, como el taller «Feminismos para principiantes» que convocamos en febrero de 2018 con la ayuda y sabiduría de dos compañeras feministas de largo recorrido, dedicadas a acompañamiento en situaciones de violencia machista y al teatro del oprimido, respectivamente; o las tres citas que convocamos para crear un encuentro vallekano de transfeminismos populares antirracistas llamado «Huelga de toda/es». En cada una de estas ocasiones, así como en el encuentro «El feminismo sindicalista que viene», convocado por La Laboratoria cuando estábamos escribiendo este libro en diciembre de 2020, pudimos expandir el conocimiento que teníamos sobre nuestros derechos, el deseo de luchar juntas y la capacidad de tejer alianzas para conseguirlo. Muchas otras ocasiones, menos anunciadas y más caseras, también fueron fundamentales para arraigar el feminismo en la realidad de nuestras vidas.

A lo largo de estas reflexiones colectivas, estos encuentros entre nosotras y con otras, nos hemos dado cuenta de que una gran parte del feminismo situado de las mujeres de PAH Vallekas nace del dolor: el dolor que causa ver peligrar la casa, el dolor de haberla perdido, el dolor de cargar sola con demasiado, el dolor de la violencia machista y otras opresiones acumuladas. Tanto es así que en muchas ocasiones encontrarnos se convierte en un acto colectivo en el que poner encima de la mesa todo el dolor y pedir consejos sobre qué hacer con él. En ese acto hay algo de lo que la poeta y feminista estadounidense Audre Lorde supo poner en palabras:

> El único tipo de dolor intolerable es el dolor desperdiciado, el dolor del que no aprendemos. Pienso que debemos aprender a distinguir entre uno y otro. Veo la protesta como una manera genuina de animar a alguien a sentir las inconsistencias y el horror de las vidas que vivimos. La protesta social viene a decir que no tenemos por qué vivir así. Si sentimos profundamente, si nos animamos a sentir profundamente a nosotras mismas y a otras, podemos amar profundamente, sentir alegría, y luego exigiremos que todas las partes de nuestra vida produzcan esa alegría. Y cuando no lo hacen, preguntaremos: «¿Por qué no?». Y esa pregunta nos guiará inevitablemente hacia el cambio[49].

El dolor y el sufrimiento que inevitablemente acompañan lo que nos ha conducido a luchar juntas no tienen por qué implicar victimismo. «Sueño con un tiempo, anhelo un tiempo para desnudarnos de los ropajes de víctimas» es la forma en que Aisha describe

---

49   Lorde, Audre, 2011, p. 163. (La traducción es nuestra).

este objetivo compartido. Gracias a la valentía de compartir el dolor y hacer la pregunta de Lorde, muchas de las compañeras hoy en día celebran haber podido cambiar dinámicas familiares dañinas y opresivas. A la pregunta de si participar en una trama comunitaria de mujeres les ha permitido impulsar cambios en su entorno familiar, una de las compañeras afrocaribeñas responde: «Sí, por el feminismo». Añade además que algunos de esos cambios han nacido «por el tema del racismo, porque en mi país también hay muchísimo racismo y ellos no se dan cuenta». En su experiencia, feminismo y antirracismo van de la mano. De la misma manera, es preciso decir que el feminismo de las mujeres de PAH Vallekas es por definición feminismo antirracista que nace de la experiencia de mujeres en su mayoría racializadas, con un recorrido vital marcado por experiencias de violencias machistas y orden patriarcal fundamentalmente racista.

En su cruce con la racialización, lo que nace en PAH Vallekas es un feminismo popular de mujeres empobrecidas, precarias, trabajadoras y desempleadas en continuo movimiento entre el mercado laboral oficial y la economía informal (de los mercadillos, de la venta ambulante u ocasional de comida casera, de los arreglos y los apaños), atravesadas siempre por las responsabilidades de cuidado no inscritas en el sistema de Seguridad Social. Estas responsabilidades nos hacen aguantar con compañeros que ya no nos aportan una relación afectiva que deseamos, pero sí garantizan la estabilidad económica que necesitamos para nuestres hijes, a veces con autoengaños sobre «el amor que volverá», otras con una conciencia clara de lo que hacemos ante la falta de alternativas económicas para iniciar una vida separada. Estas responsabilidades nos hacen trabajar en lo que salga para sostener a nuestra familia, cuyos cuidados paradójicamente nos dificultan acceder a mejores trabajos. Y cuando sí afrontamos la separación o el abandono, asumimos una carga conjunta de trabajo asalariado y de cuidados a nuestres hijes gigantesca por la presión de la deuda o del pago de la vivienda, el transporte y otras cosas mínimas para vivir. Seguramente por eso reconocimos tan fácilmente en la convocatoria de la huelga —históricamente, herramienta de la lucha obrera— que interpelaba a toda aquella persona que veía su fuerza vital explotada y expoliada, extraída y puesta a servir, siendo siempre aprovechada por otros: por los jefes, los maridos, la acumulación de capital y el poder de unos pocos. «Nos quieren víctimas indefensas de la maquinaria de endeudamiento que no para nunca», describe Aisha, y en esta situación la huelga llegó para enseñarnos cómo parar y convertir ese parar en un arma para cambiar el mundo.

En los años 2016-2019 creamos la base mínima de una red de mujeres en lucha no solo por sus casas, sino también por sus vidas y su autonomía. Entre una huelga y otra, nos autoconvocamos cuando nos hacíamos falta: nos sabíamos cerca aun cuando pasaban los meses. «Ha sido importante poder sentir que algo importante, liberador y en el fondo alegre estaba en marcha en y entre nosotras», lo define Mina. El proceso intermitente que atravesamos, y en el que en muchos sentidos seguimos, nos ha traído nuevas alianzas que ya no se producen en torno a la vivienda como eje único. Responden a una

necesidad de crear un tejido más orgánico, capaz de asemejarse a la complejidad de nuestras vidas. Ha permitido además renovar el pensamiento colectivo, revisar algunas de las prácticas organizativas y —en colaboración con el resto del grupo de PAH Vallekas y otros colectivos que habitan el centro social en el que nos reuníamos— dar lugar a nuevas formas de lucha.

9. LA BURBUJA DE ALQUILER Y LAS NUEVAS ALIANZAS

Desde 2014 se decía que España experimentaba una cierta recuperación económica. Para entonces, ya sabíamos que los que se estaban recuperando eran las grandes empresas, el turismo, las exportaciones, los banqueros y el sector inmobiliario y constructor, no la sociedad en su conjunto. Para nosotras, la recuperación tomó otra forma nueva de sometimiento: la burbuja en el mercado del alquiler. Desde 2015, se empezó a notar con subidas constantes de precios en Puente de Vallekas. Combinada con el estancamiento histórico de sueldos, el nivel elevado de desempleo, la baja calidad de los trabajos remunerados troceados en subcontrataciones temporales y contratos de cero horas, la burbuja del alquiler amenazaba a una población empobrecida que a duras penas se estaba levantando de la crisis anterior. A la subida generalizada de los precios se le añadió el efecto de gentrificación cuando los habitantes del centro de la ciudad empezaron a buscar viviendas en el barrio, desplazados por la oleada de conversiones de pisos residenciales en alquileres turísticos tipo Airbnb. Esta nueva burbuja afectó —y sigue afectando— tanto a las compañeras que habían transmutado su hipoteca en un alquiler social como a las que vivían en pisos recuperados de los bancos o de Sareb sin que se les concediera un alquiler social; ahora veremos de qué manera particular en los diferentes casos.

En 2017 Aisha se enfrentó al final de su contrato de alquiler social con un panorama de renovación bloqueado. Su hipoteca había sido «titulizada»[50] y ella no sabía ni qué significaba esto ni cómo empezar a resolver la situación; hacía ya años que había perdido el contacto con su asamblea de vivienda, cuando esta cambió de local y adoptó el nombre de PAH Vallekas. Desesperada, empezó a buscar pisos de alquiler, pero la burbuja estaba hinchada a reventar: los precios eran desorbitados, los requisitos contractuales inalcanzables para ella, las fianzas llegaban a tres mensualidades y además había que presentar avales bancarios o garantías físicas. Una tarde, con sentimientos de angustia,

---

50   En la práctica de titulización, los bancos acreedores venden el derecho a la explotación de sus préstamos a terceros con el objetivo de sacarlos de su balance y así sanear sus cuentas y obtener liquidez. La forma jurídica a través de la que se ejerce son los fondos de titulización, de los que los más antiguos se rigen por la Ley 19/1992, del 7 de julio, sobre Régimen de Sociedades y Fondos de Inversión Inmobiliaria y sobre Fondos de Titulización Hipotecaria. A partir del 2017, se empiezan a introducir modificaciones sucesivas para rellenar los huecos legales que permitían que los deudores hipotecarios alegasen falta de legitimidad de los bancos acreedores cuando estos promovieron el desahucio por impago. Actualmente, la legislación aplicada a estos fondos se concreta en la Ley 5/2015 y el Real Decreto 716/2009.

bajó a la plaza en la que se reunían les niñes del barrio y algunas madres vecinas de Aisha. Le contó a una de ellas lo que le estaba pasando y así supo que la vecina también había tenido problemas con su casa y había acudido a PAH Vallekas. Quedaron en ir juntas y llegado el miércoles, el día de la reunión, se dirigieron al nuevo local. «Fue emocionante ver cómo el tiempo había perfeccionado los métodos de organización y trabajo que había adquirido el grupo durante mi ausencia», reconoce Aisha. Tanto ella como su vecina siguieron asistiendo a las asambleas todas las semanas, donde contaban su caso y seguían los pasos recomendados por las compañeras.

Aisha pagaba la renta mensual de alquiler a la gestora de inmuebles Haya Real Estate, contratada por el fondo de titulización RMBS I[51] para gestionar las viviendas a su nombre. Los agentes de RMBS I informaron a Aisha de que estaba demandada por impago, algo que Aisha no se explicaba. Durante un periodo de desempleo no había ingresado el alquiler de cinco meses, pero ya se había puesto al día y tenía los recibos de haber pagado que lo demostraban. En la demanda interpuesta por RMBS I constaba más de un año entero de incumplimiento de pago. Cuando la procuradora judicial de RMBS I contactó, Aisha le remitió toda la documentación para que comprobaran su error; se sorprendió cuando recibió la respuesta de la procuradora: sus representados en RMBS I ya tenían los comprobantes de los meses pagados con retraso antes de la demanda y aun así habían ordenado a la procuradora continuar con el proceso judicial. «Pude percibir que la procuradora también estaba asombrada por lo que le habían pedido —cuenta Aisha—, pero ella era, por así decirlo, una empleada y hacía lo que le pedían sus jefes». Se dio cuenta de que estaba siendo víctima de un fondo de inversión conocido popularmente como «fondo buitre», que tenía como objetivo quitarles el techo a ella y a su hija. La ley que rige el mercado de alquiler en España[52] permite un proceso de desahucio más rápido en casos de impago y por ello los fondos usaban denuncias fraudulentas. El objetivo evidente era terminar antes de tiempo con el contrato para poder subir el alquiler a niveles de la burbuja o convertir la casa en alojamiento turístico. En muchas ocasiones el impago que denunciaban directamente se lo inventaban y en otras había sido creado por la empresa arrendadora a través de la devolución de los pagos bancarios o el cierre de la cuenta sin avisar de una alternativa para las futuras mensualidades. Para batallar contra esta práctica, la PAH empezó a aconsejar que se asignaran los pagos mensuales en los juzgados con los datos del arrendador, para que constasen cumplidos en el caso de una demanda judicial por impago.

«Al poco tiempo entró a jugar un papel determinante en mi nueva lucha una de las compañeras, Mina —recuerda Aisha—. Ella ya llevaba años participando de forma muy activa en PAH Vallekas y se responsabilizó de acompañarme en mi proceso —cuenta

---

51 Este fondo fue creado directamente por Bankia para agrupar y sanear sus cuentas de las hipotecas impagadas.

52 Véase la Ley 29/1994, del 24 de noviembre, de arrendamientos urbanos.

Aisha, que sintió que encontraba una aliada de verdad—. Me cogía de la mano, metafóricamente hablando, para caminar juntas». Mina le inspiró confianza, admiraba la manera en la que hablaba en las asambleas pese a ser mujer y joven. Le gustó la franqueza con la que Mina expuso su disponibilidad para acompañarla, pero también exigió que Aisha hiciera su parte, explicitando lo que esperaba de ella en el proceso. En cómo describe Aisha el acompañamiento que entabló con Mina, resuenan algunos de los conceptos de las feministas italianas de los años setenta, en particular *la autoridad femenina* (frente a las exigencias masculinas del discurso político) y *la contratación femenina* (que implica explicitar lo que está en juego al fundar una relación de amistad política entre mujeres)[53]. Mina también recuerda el acompañamiento con cariño: «Siempre me ha resultado más fácil ofrecerme para hacer un acompañamiento cuando me da la sensación de que la persona que lo solicita habla muy a las claras —recuerda— y Aisha fue muy articulada sobre lo que necesitaba».

Otro de los elementos que llamaba la atención a Mina era que su nueva compañera no se presentaba con victimismo. «Eso lo hizo más fácil, porque ella no se veía como menos que tú por pedirte ayuda; eso creo que siempre facilita los acompañamientos, porque entonces los términos de la relación son claros, somos iguales, somos semejantes, las dos somos fuertes, por eso estamos aquí, ya hemos conseguido venir, estamos luchando juntas y no se trata de que te resuelva la vida». Además, Aisha ya había pasado por una lucha intensa años antes, cuando consiguió su primer contrato de alquiler social. «Ya había aprendido a defenderme y había ganado una voz. Ahora aprendí que podía usarla para iniciar una relación de acompañamiento en la que otra me apoya, para poner límites y expresar mis exigencias». Así empezaron a darse las sinergias entre estas dos mujeres, diferentes en muchas cosas pero parecidas a la hora de poner la cara y los conocimientos en común. Luego terminarían pasando de la sororidad a ser también amigas.

A raíz del caso de Aisha, la asamblea de PAH Vallekas se formó y debatió extensamente lo que implicaba la práctica de titulización de las hipotecas. Como Caja Madrid, ahora Bankia, había sido la parte arrendadora en el contrato original de Aisha, allí dirigieron sus primeros pasos; sin embargo, se lavaron las manos de manera contundente, aludiendo a que el inmueble ya estaba en manos del fondo de titulización RMBS, que efectivamente había demandado a Aisha. En un par de semanas, la asamblea decidió que la estrategia a seguir debía pasar por enterarnos de quiénes eran la gente de RMBS I y qué datos de contacto podíamos conseguir. Así, las compañeras aprendieron que había toda una serie de fondos clonados (RMBS I, II, III, IV, V, VI...) con el objetivo principal de servir de contención jurídica —a través de la nueva maniobra financiera de titulización— de las hipotecas impagadas del rescate bancario. Así era como Bankia iba

---

53 Algunos de los textos que documentan el feminismo de aquellos años están recopilados por Lia Cigarini en *La política del deseo: la diferencia femenina se hace historia*. En ellos aparecen los conceptos de autoridad y contratación femeninas (Cigarini, Lia, 1996).

saneando sus cuentas en los años posteriores a su rescate. Mina envió varios escritos en nombre de PAH Vallekas para encontrar las personas con potestad para renovar el contrato de Aisha y a la vez guiaba a Aisha en el contenido de los burofaxes que debía mandar en paralelo.

En los escritos y burofaxes, las compañeras hicieron referencia a la manera irregular, incluso ilegal, en la que se reclamaba una cantidad que había sido comprobadamente pagada antes de que se denunciara el impago. RMBS I respondió y aceptó revisar los recibos bancarios. Después de unas semanas y un puñado de llamadas telefónicas de seguimiento, aceptaron proceder al archivo de la demanda por impago sin dar ninguna aclaración sobre lo que había pasado. En febrero de 2018, Aisha acudió a la sucursal local de Bankia para firmar una prórroga del contrato de alquiler por un año, como dictaba la ley de arrendamientos urbanos en aquel entonces. Mina la acompañó, ambas vestían sus camisetas verdes de PAH Vallekas y en sus rostros se reflejaba el sentir festivo de haber impedido una injusticia: la alegría de haber vuelto a vencer, aunque fuera por un tiempo limitado, a Goliat.

Para responder al nuevo ataque al derecho a la vivienda digna que supuso la burbuja de alquiler, empezaron a nacer nuevos colectivos de lucha que se nombraron Sindicatos de Inquilinas e Inquilinos. PAH Vallekas colaboró activamente con la gestación del sindicato madrileño e incorporó una asesoría colectiva de alquiler a sus asambleas. En mayo de 2018, después de un proceso interno de casi un año, PAH Vallekas convocó la primera asamblea organizativa con el objetivo de sumarse a la nueva campaña en contra de las subidas de alquiler y los desahucios masivos: Bloques En Lucha. Acudieron personas que vivían en un bloque gigante de un ensanche residencial ubicado al este del barrio de Vallekas: Vivenio, una sociedad anónima cotizada de inversión inmobiliaria (socimi), había comprado una cartera de bloques en la zona y pretendía desahuciar a todos los inquilinos para especular con su nueva propiedad. Al mismo proceso organizativo se unieron los y las inquilinas de un edificio que había sido alquilado como vivienda de protección oficial en el cercano municipio de Parla, donde sus habitantes se enfrentaban a subidas abusivas y el fin de la protección oficial después de la venta de sus casas a la misma socimi.

Este tipo de sociedades anónimas, que habían sido introducidas primero como nueva forma jurídica en medio del estallido de la burbuja hipotecaria[54], empezaron a llamar la atención de los inversores inmobiliarios a partir de las modificaciones de régimen fiscal que se aplicaron en su beneficio en 2012 y 2014. Además, en 2013 se había modificado la ley de arrendamientos urbanos —para la «flexibilización y fomento del mercado del alquiler de viviendas», decía en su título— disminuyendo el tiempo de alquiler, lo que

---

54 Véase la Ley 11/2009, del 26 de octubre del 2009, por la que se regulan las sociedades anónimas cotizadas de inversión en el mercado inmobiliario.

facilitaba una mayor rotación de inquilinos y por lo tanto más subidas de alquiler. Esta modificación de la LAU fue una estrategia para atraer inversores al mercado del alquiler en un momento en que el mercado hipotecario estaba todavía empantanado; incentivaba la vivienda como negocio mejorando las condiciones a los fondos (buitre) y las sociedades de inversión, pero también a los «pequeños inversores» que compraban para abrir pisos turísticos. Recordemos que en manos de los bancos y de Sareb[55] seguía habiendo miles de millones en activos tóxicos en busca de comprador. El gobierno los hacía más atractivos a cambio de reducir los derechos de los inquilinos y reducir sus ingresos fiscales. Así es como el «libre mercado» regula la vivienda en España de la mano del poder político. A partir de ahí, las socimis pudieron participar a precio de ganga en el bufet libre que se alimentaba de la crisis hipotecaria y ahondaba la burbuja de alquiler[56].

Los alquileres desorbitados de los peores años de la burbuja de alquiler alcanzaron en 2017-2019 el doble o hasta el triple en comparación con los precios de hacía pocos años; se trataba, evidentemente, de alquileres imposibles para barrios como Vallekas. Como nos cuenta Carla, «la búsqueda de un piso para alquilar se convirtió en una odisea».

Ella buscaba junto a dos amigas, con las que había decidido solo alquilar a un casero particular. No había por dónde empezar: prácticamente todo el mercado de alquiler en el barrio estaba gestionado por inmobiliarias. Esto implicaba unos gastos mayores, entre ellos una fianza doble y el mes que se paga a la inmobiliaria por sus «servicios». Alquilar a una inmobiliaria significaba, por regla general, tener que presentar una cantidad elevada de documentación relacionada con la solvencia —en el caso de Carla, tenían que documentar que entre las tres amigas ganaban hasta 3.000 euros, aparte de ser avaladas por dos de sus madres—. También entraba en su valoración la presión que ejercen las empresas inmobiliarias para que aceptes rápidamente cualquier oferta.

---

55 Uno de los grandes compradores de las carteras de Sareb fue Blackstone, fondo de inversión estadounidense especializado en capital de riesgo (liderado por dos exdirectivos de Lehman Brothers, cuya quiebra en 2008 desencadenó la crisis de las hipotecas *subprime*) que terminó en poco tiempo controlando el mercado español de alquiler a través de sus inversiones específicamente enfocadas en bienes inmobiliarios que implicaron la posibilidad de altos rendimientos por la obvia y tangible necesidad de acceso a la vivienda de una parte de la sociedad. Sobre los fondos de inversión y su impacto en el mercado del alquiler, véase Gabarre, Manuel (2020): *Tocar fondo. La mano invisible detrás de la subida de alquiler*. Este autor nos resume los movimientos entre bancos y fondos: «El Estado, la Unión Europea y las instituciones financieras internacionales dieron todas las facilidades para el desembarco de los fondos de inversión oportunista. De esta manera, estos fondos, que normalmente provienen de Estados Unidos, se hicieron con el enorme patrimonio inmobiliario de la banca. Las seis mayores operaciones implicaron más de 400.000 viviendas. Así, BBVA vendió sus bienes a Cerberus (61.944), Banco Sabadell a Cerberus (61.000), Caixabank a Lone Star (77.000), Santander vendió sus bienes a Blackstone (80.000 viviendas) y a Cerberus (26.408) y Blackstone compró 60.960 préstamos hipotecarios de Caixa Catalunya. A estas cantidades habría que agregar una parte de los bienes vendidos por Sareb, que tenía 500.000 viviendas cuyo paradero actual es incierto» (comunicación personal en mayo de 2021).

56 Las socimis están totalmente exentas del impuesto de sociedades y tienen una bonificación en sus impuestos sobre transmisiones patrimoniales y actos jurídicos documentados (ITP y AJD) de hasta el 95 por ciento. A fecha de agosto de 2020, el Banco de España contabilizaba unas 90 socimis activas en España y su capital bursátil total ascendía a 27.000 millones de euros. Véanse la Ley 16/2012, del 27 de diciembre, por la que se adoptan diversas medidas tributarias dirigidas a la consolidación de las finanzas públicas y al impulso de la actividad económica, y la Ley 27/2014, del 27 de noviembre, del impuesto sobre sociedades.

Pese a todo, Carla reconoce que no tuvieron problemas tan graves como muchas otras compañeras, porque las tres amigas eran jóvenes, universitarias y españolas blancas. Con estas características, las inmobiliarias las priorizaron entre sus clientes, en un ejercicio evidente de racismo y clasismo: «Nos decían directamente: "Os damos prioridad a vosotras porque sois todas españolas y habéis estudiado"», recuerda Carla.

Después de varios meses, lograron entrar en un piso de un propietario particular. «Conseguimos por lo menos pagar el alquiler a una persona en vez de a un banco y eso me parece más ético —cuenta—, pero es verdad que muchas veces me pregunto por qué tengo que pagar tanto solo por pisar estos suelos». Pese a todo, preferiría no hipotecarse: «Me parece una trampa y no voy a entrar ahí», y en sus palabras resuena todo lo aprendido en la última década. Mientras la vivienda pública en el país sigue siendo casi inexistente y otras formas más comunitarias de gestión de la vivienda se hacen esperar, las rentas de la vida de quienes trabajan y cuidan sin parar se vuelven a exprimir a través de los alquileres crecientes. Con este panorama, el objetivo del alquiler social sigue siendo uno de los pilares fundamentales de la lucha de PAH Vallekas, con unas implicaciones particularmente importantes para las mujeres del grupo, ya sean jefas de familia o mujeres solteras y madres que afrontan solas todos los gastos. Rescatamos las palabras de Lourdes Martínez:

> Estamos luchando por una urbanización real que no sea por especulación. Luchamos por lograr que las viviendas sean duraderas, que en la escritura no haya cláusulas que permitan sacarles la vivienda a lxs vecinxs. Que no haya especulación, que sea algo real. Que las que son madres solteras, que no quisieron constituir una familia heterosexual, tengan una solución. Queremos una urbanización sin endeudamiento y con perspectiva de género[57].

En el reclamo de esta compañera argentina de la Asamblea Feminista de las Villas 31 y 31 bis, nos damos cuenta de la similitud de nuestras luchas y nuestros objetivos con los suyos. Y celebramos que no solo los grandes capitales se organicen a nivel global, también lo hacemos nosotras.

10. RIENDA SUELTA A LAS MAFIAS INMOBILIARIAS

En los años de la burbuja de alquiler, a la proliferación de instrumentos de manejo de activos del rescate y la súbita llegada de fondos de inversión globales —como Blackstone y otros— se sumaron también pequeños inversores aventureros. Algunos de ellos, conscientes de que hay que pasar por procedimientos judiciales más o menos largos para tomar posesión de inmuebles habitados (que muchas veces han comprado

---

57   Grupo de Investigación e Intervención Feminista, 2020, p. 4.

más baratos precisamente por estar habitados), han decidido recurrir a prácticas extrajudiciales. En estos casos de prácticas ilegales que comúnmente llamamos *matonismo* es donde quizá más ha costado organizar una resistencia colectiva consistente. Por un lado, las prácticas a las que nos enfrentamos son más imprevisibles que las mediadas por un juzgado y, por otro, implican un riesgo elevado de violencia física. Es importante analizar cómo están extendiéndose estas prácticas en nuestros barrios, en qué medida se ejercen a través de empresas dedicadas a recobros o servicios de seguridad de inmuebles[58] y qué tipo de «vista gorda» o respaldo explícito disfrutan por parte de los órganos judiciales y la policía. Cabe resaltar que es precisamente aquí, en el recrudecimiento de la violencia inmobiliaria, donde se ve con mayor claridad cómo un mayor impacto de las sucesivas burbujas de vivienda responde a las opresiones de clase, raza y género.

En la historia de Angelina todos los cuadros de interpretación que manejamos en PAH Vallekas fallaron. El piso en el que vivía cuando llegó a la asamblea había sido cedido para su uso por parte de un familiar que lo había comprado con una hipoteca. Quiso desaparecer cuando dejó de pagar y las llaves de la casa se las dio a Angelina. Ella se mudó a vivir con su marido, sus dos hijos y su padre octogenario, al que cuidaba. Según las notificaciones judiciales del procedimiento hipotecario, no había desahucio a la vista. Sin embargo, al poco tiempo, la familia de Angelina empezó a recibir notas escritas a mano, firmadas por alguien que se presentaba como el propietario. Avisaban de un desahucio que llegaría en breve y pedían que se pusiera en contacto. En la asamblea las compañeras tranquilizaron a Angelina y le aseguraron que no debía hacer caso a las notas que recibía, ya que no había prueba alguna de su legitimidad. Angelina seguía con su jornada sin apenas ver a sus hijos despiertos, ya que entraba a trabajar en un restaurante antes de que salieran del colegio y volvía a casa de madrugada para ya solo verles dormir. Poco antes de que se precipitasen los acontecimientos, la relación con el padre de su hijo pequeño llegó a su fin y él se mudó a una habitación en otra casa. Angelina seguía moviéndose para defender sus derechos. Una noche, sus hijos la llamaron asustados antes de que acabara su turno de trabajo, porque un hombre había venido a avisar de que a primera hora del día siguiente echarían a la familia de la casa. Angelina alertó a las compañeras de PAH Vallekas por Whatsapp y acudieron a su casa Mina y otro compañero. Ya de noche, tras calmar a los hijos y al abuelo, hablaron por teléfono con Angelina. Llamaron también al teléfono que había dejado el hombre que los había amenazado con echarles al día siguiente. «Recuerdo que no hubo diálogo —cuenta Mina—. Esa persona no dio ninguna explicación cuando le exigimos que nos refiriera al procedimiento judicial al que correspondía el supuesto desahucio, solo insistió en que,

---

58   Estas son las dos variantes más habituales en España a día de hoy, ya que ofrecer públicamente servicios de desahucios extrajudiciales sigue siendo ilegal e implica un riesgo elevado de denuncias. Pese a todo, hay alguna que otra excepción, empresas que ofertan explícitamente servicios de «desokupación» o «liberación de inmuebles». Preferimos no nombrarlas para no hacer publicidad de sus actividades.

si no querían tenerlo peor, se marcharan esa misma noche». Después de la llamada, que prometía una mañana turbulenta, se valoró la situación, se improvisó un acompañamiento y todo el mundo se fue a intentar dormir.

A primera hora de la mañana siguiente, a finales de noviembre de 2018, Mina y otras compañeras y compañeros acudieron a la casa de Angelina. Allí dieron con dos hombres jóvenes vestidos de traje que aseguraban que eran los nuevos propietarios. Seguían advirtiendo que en breve la familia terminaría en la calle, pero una llamada a la abogada de oficio de Angelina volvió a confirmar que no le constaba ningún desahucio previsto para ese día. Eso sí, ese mismo día hubo otro desahucio en el barrio y, por el dictado de mayor necesidad, se dirigieron hacia allí la mayor parte de los compañeros que habían ido llegando a casa de Angelina. Solo un grupo reducido se quedó para evitar que los señores de traje amenazasen a Angelina y su familia. En otra llamada, ahora a la junta municipal, les confirmaron que a ellos tampoco se les había notificado ninguna orden de lanzamiento en esa dirección. Parecía claro que no iba a haber desahucio, así que nos pusimos felices y mucha gente se dirigió a donde se necesitaba más apoyo. Solo quedaban Mina y otros pocos compañeros cuando llegó la policía antidisturbios, que, ostentosamente, cortó la calle con dos grandes lecheras.

Es difícil describir lo que pasó exactamente. Más allá del obvio hecho de «perder la puerta» —expresión que describe el momento en el que la policía consigue romper el cerco de personas que defienden el acceso al portal para evitar el desahucio—, el trasfondo del desahucio de Angelina quedará para siempre en la penumbra. Se ejecutó con una orden judicial emitida por el Juzgado de Instrucción número 4 de Madrid, pero sin notificación a la parte afectada ni a su defensa. La orden había sido dictada como una autorización directa a la comisaría local, lo cual suponía una clara anomalía. La funcionaria del juzgado que acudió, nerviosa, al acto para autorizar el desahucio enseñó la orden a una de las compañeras presentes, pero no permitió que Angelina se quedase una copia ni que se fotografiase la hoja. Todos los elementos señalaban la posibilidad de que se tratara de un desahucio comprado o, en todo caso, facilitado por el juzgado como favor político o personal. Esta impresión la reforzaba la actitud mantenida por los inversores que habían comprado el piso tanto en los días previos como en el mismo desahucio. «Fue un atropello terrible —describe Angelina hablando de los sucesos de aquel día—, fue un atropello de todos mis derechos». Recuperamos estas líneas, escritas por Mina después del desahucio, para resaltar la medida en la que, en el desahucio de Angelina, se entrelazaron la violencia patriarcal y financiera:

Se hace imposible negar la alianza entre el poder patriarcal y el del capital al ver a Angelina llorando en el suelo de la que en instantes dejará de ser su casa: madre sola de dos, cuidadora de su padre mayor y enfermo, a la que le dicen que se ve en estas porque «no trabaja». Y cuando el «no trabajar», ese estar 24 horas al día pendiente y disponible que conocen mujeres como ella, se transforma en jornadas de 12 horas seis días a la semana como camarera por un sueldo miserable de 500 euros al mes, entonces tampoco trabaja lo suficiente para pagar lo que quieren exprimir de ella.

Se hace imposible porque la desahucian hoy, sí, hoy, aquí y ahora, sin haberla avisado. No han avisado a Angelina porque al juez Marcelino Sexmero Iglesias no le ha parecido importante, y así es como él usa su poder de juez para hundirle la vida.

Imposible no ver el paralelismo entre la violencia machista y la del propietario al atender al llanto de Angelina susurrando que hay futuro, susurrando que no está sola, y oír al agente al lado decirle al otro: «Como no se espabile pronto, la bajaremos en una maleta». Imposible, al ver de reojo que les hace gracia a los dos y se ríen en complicidad feminicida.

Imposibilísimo se hace, sí, cuando la casa ya la han sellado y Angelina saca sus últimas fuerzas y suplica si puede venir más tarde a por sus enseres, muebles, la materia de su vida. Y oír que le conteste el propietario como un violador a su presa: «Mira el circo que has montado, si hubieras sido buena no tendríamos que haberte hecho esto». Verla batallando esa culpa que quieren meter dentro de su alma, volverle a contar que no es así. Esperar que surta efecto y a ratos perder esa esperanza al ver que su familia también la culpa y, aunque sea solo un poquito, ya es demasiado[59].

El hijo pequeño y el abuelo de Angelina fueron acogidos en la casa de su hermana. Mina abrió su casa para Angelina y su hijo adolescente durante las primeras noches. «Me costó ver que esa misma noche tuvo que ir a trabajar —recuerda Mina—. Si no iba, la echarían también del trabajo». Angelina trabajaba y por las noches se quedaba postrada en el sofá de Mina, no dormía. El padre del hijo pequeño de Angelina no estaba y no se le esperaba. Hizo frente a la situación con sus compañeras: después de la casa de Mina, otra familia de PAH Vallekas le ofreció una habitación para las siguientes dos semanas; todas se acercaron con mantas y almohadas; otros ayudaron a empezar a sacar muebles del piso cerrado mientras el nuevo propietario vigilaba. La siguiente que se ofreció para acoger a Angelina fue Aisha. Usó el turno de palabra que había solicitado para decir a la asamblea y de forma concreta a Angelina: «Tú no duermes en la calle». Así expresó su deseo de que tanto Angelina como sus hijes se quedaran en su casa hasta que pudieran mudarse a un sitio definitivo. «Fue un acuerdo tácito, no hubo cláusulas ni compromisos, más que "donde caben dos caben cuatro"», dice Aisha y sonríe.

Cuando preguntamos a Aisha por qué se ofreció precisamente en el caso de Angelina, cuenta que leyó desde su trabajo el grupo de Whatsapp de PAH Vallekas el día del

---

59   Extracto de un texto personal del 2 de diciembre de 2018, incorporado con permiso de Mina.

desahucio y vio que Angelina estaba literalmente en la calle. La invadió un sentimiento de responsabilidad. «Fue como si todas fuéramos responsables, porque lo que le habíamos aconsejado no se había cumplido. Es más, Angelina había seguido todos los consejos recibidos y, aun así, contra todo pronóstico, ahora estaba en la calle. Se había despertado como otro día cualquiera a desarrollar su rutina diaria, dejar los niños en el cole, atender a su padre mayor, preparar la comida, realizar varios recados… y todo eso se había interrumpido por un desahucio. Es algo tan violento…». Las dos son mamás solteras y Aisha piensa que, además, se apoyaron por ser ambas mujeres negras migradas y por verse reflejadas la una en la otra. No conocían el concepto de «sororidad», pero la practicaron. «Hablamos de cómo una mujer apoya a otra mujer, ¿no? Asumiendo todas las consecuencias, conocidas y no conocidas». Y así empezó a desarrollarse una relación que floreció e hizo que las dos mujeres llegaran a entenderse como hermanas. «La convivencia fue perfecta —cuenta Aisha—, nunca fue necesario recalcar qué hacía cada una, las dos asumimos un papel de responsabilidad máxima de los niños en ausencia de la otra, el respeto por los espacios fue mutuo y nos sentimos bien juntas». En ese ambiente familiar, no tardaron en llegar las lágrimas guardadas por la necesidad de sobrevivir; pero ya no fueron solo de tristeza, sino también de agradecimiento y alegría. Pasados dos meses, llegó la Nochebuena y las dos mujeres lo celebraron juntas con sus hijes. Para el Año Nuevo, visitaron a unos familiares de Angelina también juntas. Un mes más tarde se llevó a cabo la recuperación de una nueva vivienda para Angelina, sus hijes y su padre dentro de la Obra Social de la PAH, encabezada por Mina y secundada por más integrantes. A día de hoy, cada vez que Angelina busca la opinión de alguien que le genere confianza, a la primera que llama es a Aisha. Hace tiempo que se intercambiaron las llaves de sus respectivas casas y el trato que mantienen es el de una familia: a pesar de no ser de sangre, tiene la misma solidez y también, a veces, los mismos altibajos.

Otro caso en el que podemos analizar la parte del mercado inmobiliario que actúa fuera de la ley es el de la calle Pico Moncayo. Cuando los vecinos de Pico Moncayo llegaron a la sede de PAH Vallekas en la primavera de 2020, el barrio estaba aún más sitiado por las inmobiliarias que en el momento del desahucio de Angelina. Fue decisivo, además, el estado de alarma decretado por el gobierno por la pandemia de COVID-19: las estrictas medidas de confinamiento domiciliario y el cierre de una gran parte de la actividad económica habían causado una emergencia social sin precedentes. En un edificio de la calle Pico Moncayo vivían en aquel entonces una veintena de personas hacinadas en literas en pequeños habitáculos separados entre sí por placas sencillas de yeso, que compartían un baño y una cocina por planta. Se trataba de una nave industrial sin cédula de habitabilidad convertida, con poca inversión y mucho ánimo de lucro, en una suerte de albergue para personas recién migradas de América del Sur. La pandemia y las medidas de contención las pillaron sin ningún tipo de protección legal, en la mayoría de los casos sin siquiera haber iniciado el papeleo de residencia y sin ninguna manera de hacerlo, pues las oficinas de extranjería no daban cita ya desde antes de la crisis de la COVID-19[60]. Las mujeres y algún que otro hombre del edificio acudieron al reparto de comida de emergencia que organizamos en La Villana de Vallekas y, entre una bolsa y otra, empezamos a enterarnos de su situación.

Once, una de las vecinas de Pico Moncayo, había llegado a España con 12 años en 2006. Tuvo una infancia y una adolescencia marcadas por el abandono y la inestabilidad de su madre, que se había ido de su país de origen dejando a sus tres hijes al cuidado de su abuela. Una vez que Once y sus hermanos pudieron reunirse con su mamá en España, la vida no mejoró mucho. Once seguía percibiendo a su madre distante, mientras que la familia pasó de una casa precaria a otra. Les hijes pasaron hambre y sufrieron de inseguridad por la soledad que implicaba quedarse soles durante las jornadas laborales de la madre. Además, los sucesivos novios de la madre con los que compartían vivienda bebían o consumían drogas en casa y uno de ellos llegó a intentar abusar de la adolescente Once. Nuestra compañera se hizo cargo desde muy pequeña de sus dos hermanos menores y se independizó demasiado pronto. Reconoce que para ella la sexualidad había sido una moneda de cambio desde muy pequeña. «Como me quise madurar tan rápido, quise crecer a la fuerza o digamos que me tocó… Dejé durante un tiempo de andar con mis amigas de mi misma edad», cuenta Once. Encontró amistades mayores de edad y experimentó con sustancias. «Me incitaron a salir con hombres mayores —recuerda Once—. Un día, cuando tenía 12 años, me presentaron un chico guapo que dijo que si quería me pagaba un apartamento». Se trataba de un señor mayor al que Once describe como alguien «que tenía mucha muchísima plata». Una amiga mayor de su prima la animó y ella accedió a mantener relaciones con él. «Me prometió que, si me acostaba con él, nunca me iba a faltar de nada —describe Once—. Y es que con la plata se puede todo». El hombre la llevó a un motel en el que hacían la vista gorda con la edad de Once por su billetera. Allí mantuvo relaciones sin protección, cuando ella era una niña que aún ni siquiera disponía de la capacidad de entender su propia sexualidad. Ella misma lo valora en retrospectiva: «Creo que lo hice más por lo que [la amiga mayor] me dijo que porque en realidad lo quisiera». Pasó más de una década sin percibir que el sexo fuera algo placentero y no llegó a conocer el orgasmo hasta después de haber tenido su primer embarazo.

Durante su adolescencia, Once se relacionó principalmente con hombres mayores de edad. Quedó embarazada antes de cumplir 18 años y se mudó a vivir con el padre del hijo. Al cabo de poco tiempo de convivencia con el bebé, empezó el maltrato psicoló-

---

60 Numerosos colectivos y asociaciones por el derecho a la migración denunciaron desde antes del estado de alarma, decretado en marzo de 2020, la falta de expedición de citas de extranjería por parte de la policía nacional, práctica que sigue a día de hoy e impide que personas migrantes se mantengan al día con los trámites relacionados con la residencia. Véase Babiker, Sarah (2020): «Citas de extranjería: entre la lotería y el negocio», en El Salto, 5 de noviembre: https://www.elsaltodiario.com/migracion/conseguir-cita-extranjeria-loteria-negocio

gico y físico, que Once aguantó hasta el primer intento de violación. En esa ocasión le dejó claro que denunciaría si hacía falta y consiguió que las agresiones físicas parasen. En 2012 se quedó embarazada de nuevo, esta vez de gemelos. Volvió a su país de origen con el padre de sus hijes, pero el maltrato psicológico no paró. «Me decía: "Tú te puedes ir cuando quieras, pero no te vas a llevar a los niños" —explica Once— y, como era él quien tenía el dinero y yo tenía nulo apoyo por parte de mi familia, sabía que era una batalla perdida». Se separaron, pero Once perdió la custodia de sus hijes por no ser económicamente independiente y en 2019 volvió a España para mejorar su calidad de vida y tener más que dar a sus hijes. Al llegar se instaló en la casa de su mamá, pero, por las diferencias y la historia dolorosa no resuelta, no consiguieron sentirse bien juntas y después del primer verano Once se fue.

Tras una ristra de viviendas en precario, Once llegó a la calle Pico Moncayo. Había encontrado una oferta de habitaciones compartidas en las páginas de anuncios entre particulares. Visitó el sitio y vio que se trataba de una infravivienda, «pero tenía que aceptarlo, porque era eso o me quedaba en la calle». El hombre que se presentaba como casero cobraba 175 euros por la cama en la litera. Once, que solo contaba con 100 euros en el bolsillo, suplicó que le dejara entrar pagando eso y cumpliría a lo largo del mes con los 75 euros restantes. Llegaron a un acuerdo de palabra sin ningún tipo de contrato de arrendamiento ni recibo del pago de por medio. Once instaló su rincón en el habitáculo que compartía con una mujer desconocida. Al segundo mes, el arrendador le pidió una fianza. Ella se opuso argumentando que no se lo había mencionado antes y que no había ningún contrato en el que constase para que ella pudiera reclamarla al irse. Quedaron en un empate que no se resolvió. Sin embargo, Once ya estaba empezando a hablar con los y las vecinas de la nave y pudo enterarse de que la mayoría sí había entregado una fianza clandestina sin recibir un comprobante de pago. Las vecinas compartieron entre sí sus experiencias recurrentes de amenazas del casero. «Siempre decía que, si no nos gustaba, pues entonces cogiéramos nuestras cosas y nos fuéramos —explica Once—, pero yo, como había vivido anteriormente en España, ya sabía que no te podían tirar a la calle de un día para otro sin más». Once compartió estos conocimientos con las demás vecinas, en su mayoría mujeres recién migradas de América del Sur, y juntas seguían defendiéndose frente al casero cuando no les llegaba el dinero para el pago o cuando tenían que reclamar mejoras en los espacios comunes.

Nuestra compañera fue una de las últimas en aterrizar en PAH Vallekas, porque no se encontraba en su domicilio compartido cuando se decretó el estado de alarma. Se había ido de viaje de fin de semana a Toledo, donde vivía su entonces novio, con el que la relación estaba en una etapa incipiente. Cuando se cerraron las fronteras de las comunidades autónomas y paró el servicio de transporte público, Once se quedó con él. «Yo había pensado que volvería el lunes, nunca creí que me quedaría atrapada con él», recuerda. Cuando la convivencia obligada se alargó más de lo imaginado por la situación de emergencia sanitaria con la COVID-19, el novio empezó a demostrar una actitud poco cuidadosa, agresiva y controladora. «Me empecé a agobiar, porque yo ya había vivido cosas así con el papá de mis hijos y no se lo iba a volver a permitir a nadie —cuenta Once—, así que le dije que ya no quería mantener relaciones sexuales con él». Él la presionó para tener sexo y ella quería irse, pero no podía; literalmente, no había manera de llegar a Madrid. «Cuando teníamos discusiones, él quería tener sexo después —relata Once— y, mira, yo no funciono así, me agobio y no me apetece follar». Encerrados en la casa de él, la tensión aumentaba y nuestra compañera se sentía acorralada.

Un mes después del inicio del confinamiento empezó la violencia, primero en forma de patadas a muebles o paredes. El día en el que la amenazó con tirar sus cosas a la calle, Once llamó a la policía para consultar qué podía hacer para volver a Madrid. Al descubrirlo, él le rompió el teléfono, la cogió del cuello y la amenazó con matarla. Once, que hasta ese momento solo había pensado en pedir a la policía que la aconsejara sobre cómo volver a su domicilio en Madrid, ahora se tuvo que esconder en el baño. «Tuve que esperar allí hasta que llegase la policía. Él, mientras, me gritaba que saliera para pactar lo que iba a contarles —recuerda— y me decía que, si no salía en ese momento, no les dejaría entrar hasta haberme matado». La policía llegó, entró y ayudó a nuestra compañera a salir de la situación ilesa. Denunció la agresión, pese a que el abogado de oficio la desanimó. «Ya sí que tenía que denunciarlo, porque me agredió y amenazó de muerte y, bueno, yo salí de eso, pero creo que, si no por mí, tenía que denunciar, porque muchas no se atreven y por eso terminan un montón muertas». Detuvieron al maltratador y al día siguiente se celebró un juicio rápido. «En el juicio me hicieron sentirme como si me lo hubiese inventado todo —describe Once—. Yo lo sentí así, que pensaban que había provocado la situación para sacarle ventaja».[61] Después del juicio, a Once la dejaron tirada en medio del estado de alarma: se encontró sin dinero, sola con su maleta en la calle de una ciudad desconocida. Acudió de nuevo a la comisaría, donde no quisieron saber nada más de ella. Buscó la Cruz Roja, donde no la pudieron ayudar porque no vivía en la calle. Al final, gracias a un trabajador de Renfe, pudo subir a uno de los pocos trenes en tránsito y viajar a la capital. De vuelta en Madrid, volvió a su habitáculo en Pico Moncayo y se unió a las asambleas en las que sus vecinas llevaban unas semanas organizándose con la ayuda de PAH Vallekas.

---

61 Once sigue: «Él alegaba eso, decía que yo quería denunciar para solicitar la residencia por víctima de violencia de género. Yo ni siquiera sabía que existía esa ley… Al final resulta que él ya había tenido una novia ecuatoriana que le había denunciado y tenía otro juicio pendiente por violencia de género. Además, el secretario que me cogía los datos me dijo que, como no llevaba el pasaporte, solo había venido de finde y por eso él no era mi novio». Aquí salen a la luz dos temas importantes. Por un lado, parece que hay casi una *estrategia del maltrato* detrás del interés por mujeres migrantes que aún no han regularizado su permiso de residencia, cuyas denuncias pueden tacharse de interesadas por la protección que la ley de extranjería presta a las víctimas de violencia de género. Por otro, se pone de manifiesto una de las carencias más fundamentales de la Ley Orgánica 1/2004, del 28 de diciembre, de Medidas de Protección Integral contra la Violencia de Género: el hecho de que la definición de la violencia de género: solo se aplica en caso de que el agresor sea pareja o expareja de la víctima.

La relación de arrendamiento irregular se había tensado aún más durante el mes que Once había pasado fuera de Madrid. Después de la primera reunión de las inquilinas con PAH Vallekas, el casero amenazó a las vecinas con que, si lo denunciaban, las perjudicadas serían ellas. «Según el casero, eso le llegaría al verdadero dueño, que es un hombre español —cuenta Once—. Nos decía que se iba a dar cuenta de que nos lo realquilaba y terminaríamos todas en la puta calle». Junto a las vecinas, se estudiaron las relaciones de propiedad de la nave para conocer el marco en el que actuábamos. Se dio un proceso de organización y mediación en el que Mina y otro compañero de PAH Vallekas se reunieron con el casero en tres ocasiones para trasladarle las demandas de las inquilinas. Sus exigencias eran sencillas: exoneración de las deudas ocasionadas durante el estado de alarma, que había dejado a las vecinas sin poder trabajar; reducción del alquiler mensual a 150 euros con gastos energéticos e Internet incluidos; comprobantes de pago por cada mensualidad y por las fianzas entregadas; un contrato escrito y firmado con copia para todas las partes; mejoras de la infraestructura de la nave para que cumpliera con las mínimas medidas de seguridad en caso de incendio; otro baño y otra cocina compartida para reducir la tensión entre las vecinas; aislamiento acústico en el pladur de separación; instalación de una ventana en cada uno de los habitáculos; desinstalación de las cámaras de vigilancia que el casero había colocado en las zonas comunes para controlar a las inquilinas. El proceso estaba empezando a dar sus primeros frutos cuando se produjo el desenlace: la Brigada de Extranjería y Fronteras de la Policía Nacional detuvo al casero por presuntos delitos de tráfico de personas. En el mismo momento de la detención, se precintó toda la nave industrial y se desalojó a la fuerza a todas las vecinas, que fueron acogidas de forma urgente en la sede de PAH Vallekas y en casas de compañeras. Una de las mujeres estaba en su último mes de embarazo y se puso de parto por el estrés que implicó todo aquello.

Cuando el casero salió de la comisaría y se levantó el precinto policial a la espera de un juicio en firme, muchas de las vecinas ya no quisieron volver a vivir en aquel lugar y buscaron una solución por su cuenta. Las que no encontraron una alternativa y se quedaron ya no vieron claro seguir el proceso organizativo. La vecina cuyo parto se había precipitado por el altercado dio a luz a una bebé sana y lo celebramos juntas antes de partir caminos. Hoy en día, algunas de las vecinas siguen acudiendo a la Despensa Solidaria que nació a raíz del reparto de comida de emergencia organizado durante el estado de alarma. Otras, como Once, siguen siendo compañeras que vienen a los encuentros de Mujeres de PAH Vallekas. Pero debemos reconocer que a nivel estratégico sufrimos un fracaso tanto en el caso de las vecinas de Pico Moncayo como en el de Angelina. Frente al panorama actual de cada vez más casos como los suyos, urge preguntarnos cómo intervenir políticamente en estos procesos más opacos de violencia inmobiliaria. De la misma manera, tenemos que desarrollar conocimientos para poder tipificar situaciones cada vez más diversas en la asesoría, igual que hemos hecho dando el paso desde los casos hipotecarios a los de alquiler y vivienda en precario.

11. FEMINISMO INTERGENERACIONAL EN LA LUCHA POR LA VIVIENDA

Ahora, a partir de la historia de nuestra compañera abuela Sole, seguiremos los hilos de vida y lucha que nos han llevado a cada una hasta los feminismos.

Sole nació en 1947 en el pueblo de Manzanares. Su familia dejó el pueblo cuando tenía pocos años para irse a la capital a buscar una mejor vida. «No teníamos para comer», explica Sole. Eran los llamados años de hambre en la España de la dictadura franquista. Llegaron a Vallekas su madre, su padre, sus dos hermanas, un hermano y Sole, que entonces tenía ocho años de edad. Vivieron en una sola habitación con derecho a cocina y baño en el barrio de Entrevías, que en aquel entonces estaba formado exclusivamente por casitas bajas. La relación entre sus padres era pésima, debido al alcoholismo del padre y al desempleo al que este le condenó. Era la madre quien traía el sustento a casa, desempeñando labores de cuidados y lavando ropa de la clase acomodada de Madrid. Además, les niñes tenían que trabajar: el casero de la habitación en la vieja Entrevías tenía distintos puestos de helado muy rudimentarios y Sole trabajó en uno de los 11 a los 14 años. Nunca supo cuánto dinero ganó, ya que el jefe le pagaba directamente a su madre —para que ella se lo pagara de vuelta por la habitación—. Nuestra compañera recuerda que en la infancia tanto ella como sus hermanas tenían miedo a su padre cuando llegaba a casa borracho. Al preguntarle si había violencia machista en la relación de sus padres, dice que psicológica sí, «pero no pudo maltratar a mi madre físicamente, porque ella era muy forzuda y él no tenía nada».

Cuando Sole tenía 14 años, la familia se mudó al barrio de San Diego (Vallekas). Al igual que en Entrevías, vivían compartiendo una sola habitación, pero esta vez contaban con dos camas cuando antes solo habían tenido colchones. En poco tiempo, se trasladaron al barrio de Palomeras (también Vallekas), donde se instalaron en una casa que sería el hogar de Sole durante la mayor parte de su vida. Al principio compartieron la casa de dos dormitorios con otra familia. Con el paso del tiempo, las y los hermanos de Sole fueron abandonando la casa familiar para casarse y, cuando la otra familia también se fue, allí quedaron Sole y sus padres. Su padre siguió consumido por el alcoholismo hasta que murió y los ingresos de Sole y su madre no llegaban para pagar el piso, pese a que ambas trabajaban. A día de hoy, Sole reconoce que entró en la relación con su marido y maltratador por necesidad económica, pero también en una situación de acoso constante: este hombre, conocido de algunas amigas de Sole, aparecía siempre donde ella estaba. La esperaba en la esquina de su casa por las mañanas, a la salida de su trabajo en la fábrica de alfombras por la tarde, cuando la veía salir los fines de semana por el barrio. Persiguió a nuestra compañera hasta que esta cedió por cansancio, además de la presión social y económica de casarse para poder asumir el pago del alquiler.

Durante el noviazgo, Sole ya vio en él rasgos de maltratador. «Siempre hubo empujones e insultos —cuenta ella— y un mes antes de casarnos me hizo dejar el trabajo en la fábrica donde llevaba ya varios años». Esto sucedió en 1972, cuando las leyes laborales franquistas aún otorgaban al marido el derecho de decidir sobre el trabajo de su esposa. Sole se quedó en casa cuidando a su madre y, una vez casados, la violencia física fue en aumento. «Mi madre vio lo que me estaba pasando —recuerda Sole—. Me dijo una vez: "Vas a ser tan desgraciada como yo". Pero yo no sabía qué otra cosa podía hacer». El matrimonio le implicó a Sole recibir palizas día sí y día también y necesitó asistencia médica en varias ocasiones. «Cuando los médicos me preguntaron, les dije que me había caído por las escaleras rodando —cuenta—. Primero me resistí a los golpes, pero luego ya me dije: "Pero ¿a dónde me voy?" y no resistí más». Sole hace memoria de que en aquellos años no le contaba a nadie lo que sucedía entre las cuatro paredes de la casa. Nadie hablaba sobre la violencia de género, eran temas del ámbito doméstico. «Es que nadie hablaba de ello ni se metía». Se quedó embarazada, sufrió un aborto espontáneo y a raíz de aquello comprendió que no quería traer hijos al mundo. «¿Para qué? ¿Para que nos maltratara a los dos? ¿Para que nos matara a los dos?». Empezó a tomar pastillas anticonceptivas. El maltrato siguió, pero cuando su madre murió, después de padecer de Alzheimer durante dos décadas, Sole pudo respirar un poco más ligero, porque su marido se desplazó a la casita del pueblo que heredaron.

Para la generación de mujeres que vivió en el franquismo y no entró en contacto con luchas de mujeres ni con el feminismo, las violaciones (que dentro de la pareja se asumían comúnmente como deber marital) y el maltrato físico y psicológico fueron muchas veces una constante. Sole es contundente cuando afirma que no podía denunciar la situación, porque su marido la habría matado. «Yo he tenido que parar cuchillos con las manos y que luego me las cosan en el médico». A día de hoy, sigue pensando que no podría haber salido de la relación por no contar con nada parecido a lo que luego ha encontrado en PAH Vallekas. «No tenía ayuda; yo para salir necesitaba alguien a quien recurrir y eso no lo tenía —cuenta—. Ahora sí». En efecto, cuando Sole llegó a PAH Vallekas, además de apoyarla en la lucha por la vivienda (lo contaremos en el siguiente epígrafe), las mujeres del grupo la ayudamos a divorciarse. Hasta el día del juicio, su maltratador le dio patadas, haciéndole pagar por dejarle después de más de cuatro décadas de violencia física y psíquica. Pero con el apoyo de las compañeras acudió a la cita y firmó de una vez por todas el divorcio. El alcance del maltrato ha sido tal que sigue batallando la memoria de los insultos que calaron en su mente y a menudo se tiene que esforzar para recordar que «Toda la culpa es tuya» o «No sirves para nada» son frases de su maltratador y no tiene por qué creerlas. Por fin la rodea una comunidad de mujeres que se lo recordamos. A la pregunta de si se reconoce feminista, Sole contesta de primeras: «No». Le preguntamos qué le significa el feminismo y dice que cuando escucha la palabra no le evoca ninguna idea en su cabeza. Le decimos: «El feminismo es que las mujeres estemos ahí para nosotras en las duras y en las maduras, para hacer frente al maltrato». Y a eso Sole responde: «Entonces sí soy feminista. Voy a favor de esto». Dentro de la práctica de la sororidad, Sole tiene una amiga más cercana, integrante de la PAH Vallekas, que le ayuda en muchos aspectos, como en la gestión de trámites administrativos, las visitas médicas, las nuevas tecnologías. A sus 73 años, le gusta estar y vivir tranquila: «Sin nadie que me martirice, que no me molesten los hombres. Yo, si tengo ganas de hacer algo, lo hago y si no, no».

Veamos ahora qué caminos llevaron hasta los feminismos a las cuatro compañeras de la siguiente generación, en torno a los 40 años de edad en el momento de escribir esto. Aisha, Libertad, Gicela y Angelina conocieron el feminismo una vez que ya habían evidenciado varias formas de violencia directa o indirecta del orden patriarcal y tienen en común que recién han empezado a analizar aquellas experiencias de manera colectiva con el grupo de Mujeres de PAH Vallekas. Para todas ellas, encontrarse con el feminismo ha significado poder entender mejor lo que ha sucedido y está sucediendo en sus vidas. Aisha lo describe como «empezar a entender muchas cosas que mi cuerpo ya expresaba, pero yo aún no sabía nombrar». Para Libertad, ha significado salir de una vida en la que se sentía pasiva, mero objeto de las acciones de otras. Angelina ha podido expresar el maltrato sutil de su expareja y entender los problemas de crianza de sus hijes en el marco impuesto por él: «Me tenía dominada psicológicamente y sabía cómo herirme, dar en la llaga con insultos, gritos, haciendo lo que sabía que me hacía sentirme mal. Hasta los niños, como si se hubieran acostumbrado tanto con el padre al maltrato, conmigo hacen lo mismo». Todas buscan los consejos de las compañeras para poner sus vidas en común y se sienten nutridas por las prácticas feministas que florecen dentro del movimiento por la vivienda. Aisha y Angelina aprendieron en las semanas de convivencia, que se convirtieron en meses, que la amistad entre mujeres es siempre una semilla de feminismo. «Somos dos mujeres luchadoras que somos capaces de hacer las mismas cosas que ellos hacen; de hecho hacemos más que ellos —explica Angelina—. Para mí, ser feminista es saber que puedo hacer las cosas por mí misma y salir adelante sin un hombre». Por otro lado, tal y como Gicela describe con mucha belleza, el feminismo de la lucha por la vivienda la ha hecho fuerte, capaz de escuchar sus propios deseos y defenderlos:

> Luchar en la PAH me ha enseñado a ser valiente, a caminar con los pies firmes. A mí me violaron y cuando llegué aquí tenía un mal sentimiento por lo que me había pasado. Entrar en la PAH y poder contar a las compañeras lo que me pasó ha sido como liberarme de ese peso, quitarme ese dolor que venía arrastrando. Estar en la PAH me ha dado vida, me ha levantado como mujer. He aprendido que tengo mis derechos, que yo puedo reclamar, puedo decir en un momento SÍ y en un momento NO, cuando no me

apetece. Puedo alzar mi voz, puedo abrirme. Puedo tomar una decisión cuando yo quiera. Sé que mi derecho es mantenerme y ni por pena ni por lástima ni por miedo voy a decir un SÍ cuando tengo un NO por delante. Eso me ha enseñado la PAH.

Por último, la generación que hoy está entre los 20 y 30 años, Mina, Once y Carla, habitaron desde jóvenes un paisaje en el que el feminismo ya estaba presente de una manera u otra, si bien Mina y Once reconocen haber entendido el feminismo como parte de su vida recién de adultas. «Yo creo que de pequeña y en la adolescencia en realidad batallé mucho por la misoginia difusa de toda la sociedad —reflexiona Mina cuando le preguntamos por qué no se reconoció como feminista antes—. Solía pensar que no necesitaba el feminismo porque no era tan "chica", como que la cosa no iba conmigo». De manera más visceral, Once, que vivió una adolescencia inestable en casa de los sucesivos novios de su madre, tenía claro que no quería repetir los mismos patrones —aunque no nombrase esa decisión como feminismo—. «Yo siempre dije que no quería irme a vivir con un novio hasta tener la carrera terminada —explica Once—, porque no quiero depender económicamente de un hombre. Ellos piensan: "Si yo te mantengo, pues, ah, puedo pegarte"». No pudo cumplir con la meta de acabar sus estudios y ha terminado viviendo una situación de dependencia en dos ocasiones. En ambas situaciones, la cuestión de la vivienda fue un elemento de chantaje explícito, ya que las dos casas pertenecían al que la maltrataba. Mina coincide con su compañera en el deseo de mantener una autonomía, lo cual implica no depender económicamente de un hombre. Celebra que, de momento, lo está consiguiendo.

«Cuando escucho la palabra "feminista", me vienen a la mente frases como "defendernos nosotras, las mujeres" y "defender nuestros derechos frente a la desigualdad"», reflexiona Once. Mina coincide, pero quiere añadir algo: «En realidad, la violencia machista afecta no solo a las mujeres, sino a todes les que se salen del modelo de "un hombre de verdad" —argumenta—. Por eso me doy cuenta ahora de la tontería que es pensar que yo era "uno de los chavales" y no necesitaba el feminismo». Refiriéndose a las luchas LGTBQIA+[62] y enfatizando la necesidad de entender el género como una estructura opresiva en sí, declara: «Quiero practicar un feminismo que se entiende junto a las otras disidencias de género, no como una celebración de lo guay que somos las tías». Sin embargo, a las dos les gusta mucho que en el grupo mixto de PAH Vallekas se use el femenino genérico. Al conocer el grupo, Once se sorprendió gratamente también en otros sentidos. Después de que la desalojaran de Pico Moncayo, un compañero le ofreció su casa como alojamiento de emergencia. Ella no se fio, porque pensó que podía tener intenciones ocultas. Unas semanas después trabajaron juntos en un reparto de

---

62 LGTBQIA+: Lesbianas, gays, transexuales, bi- y pansexuales, queer o questionando, intersexuales, asexuales y más.

alimentos y cuando otro hombre molestó a nuestra compañera con un ligoteo grosero, el compañero de PAH Vallekas rechazó su comportamiento y apoyó a Once. «Eso me hizo sentirme bien —describe Once—. Me di cuenta de que es otro tipo de entorno y que podía haber hombres aliados».

Carla, la más joven de las compañeras, es la única que pertenece de manera incuestionable a la generación que se ha empapado del feminismo desde pequeña. Con poco más de 20 años sufrió una violación y lo narra desde la convicción de que fue precisamente eso, pese a que no ocurrió con violencia, sino que sencillamente no se respetó su NO. Cuando otras compañeras del entorno compartieron experiencias similares, Carla decidió participar en un proceso colectivo que buscaba ofrecerles a los hombres en cuestión —a menudo eran novios, amantes, amigos de las compañeras— una posibilidad de cuestionar el modelo de masculinidad que replicaban a través de sus actos. Uno de los puntos de partida fundamentales para el proceso fue no nombrarles a ellos como maltratadores, para así crear un espacio libre de estigmatización en el que quizá fuese más fácil para ellos cambiar. El proceso busca sanar las heridas que produce la violencia machista en las relaciones íntimas y tiene planteado un ambicioso recorrido de varios años. Lamentablemente, no todas las experiencias de juventud que hemos compartido como compañeras son igual de alentadoras. Hay otra parte de la imagen generacional en la que destaca una brecha cada vez más amplia entre una juventud de chicas, chiques y chicos conscientes de sus derechos y el ejercicio de la igualdad y la diversidad, y otra anclada en la repetición de la roles de género tóxicos por parte de adolescentes que no llegan a cuestionar los modelos tradicionales. En ese sentido, nos entristeció mucho saber que, una vez recuperada del acoso que la impulsó a migrar, nuestra compañera Gicela tuvo que volver a lidiar con otra violación: la de su hija. Tuvo lugar cuando tenía tan solo 13 años y estaba pasando la tarde en casa de una amiga. Una de las primeras quedadas adolescentes de experimentación con el alcohol se convirtió en una escena consumada por la violencia machista por parte de un hombre mayor de edad. La hija de nuestra compañera pudo denunciar la violación con su mamá y después de una temporada difícil, marcada por el consumo de ansiolíticos, a día de hoy se encuentra a gusto con una educadora social con la que puede hablar de lo que le ocurrió.

El impacto de las violencias del orden patriarcal en las vidas de las compañeras de Mujeres de PAH Vallekas es tan tangible como el de las violencias financieras e inmobiliarias en los miembros de la PAH como movimiento. Por eso, al margen de los grandes y pequeños cambios que hemos conseguido o aún buscamos impulsar en nuestras vidas, sentimos el deber de compartir nuestro análisis sobre el cruce de estas dos violencias con los compañeros y el resto de la sociedad. Creemos que así aportamos ideas sobre el futuro de la lucha por la vivienda digna en el sentido organizativo, estratégico y táctico. Cabe recordar que algunas de las situaciones que hemos tratado entre nosotras a lo largo de los últimos años son muy complejas de resolver y en varias ocasiones nos

hemos topado con que ni siquiera la mujer maltratada quiere salir de la situación. En otras ocasiones no disponemos de la capacidad de intervención que nos gustaría tener —por ejemplo, cuando el maltratador se queda el alquiler social o el piso—, porque como grupo no estamos a la altura de romper las dinámicas patriarcales[63]. Otro aspecto problemático es que, por el rol de liderazgo feminista atribuido a una o pocas mujeres del grupo, se espera de ella(s) una disponibilidad continua y energía inagotable para impulsar las intervenciones necesarias, animar a la asamblea a ratificarlas y hacer el seguimiento, que precisa muchas veces de meses o años. En este sentido, uno de los reclamos más importantes que hemos hecho y seguiremos haciendo es que en el reparto de las tareas de la lucha se tenga en cuenta nuestra doble o triple carga y que se implementen prácticas colectivas que liberen tiempo para nosotras. De todos modos, sentimos que hay sensibilidad y escucha: sentimos que tenemos aliados entre los compañeros.

12. LA DESREGULACIÓN DE AYER, LA DESPROTECCIÓN DE HOY

En septiembre de 2018, nuestra compañera Sole se enfrentó a su primer intento de desahucio en la casa en la que había vivido desde 1961. El piso pertenecía originalmente al plan de vivienda protegida impulsado en la dictadura franquista y había sido adjudicado con un contrato de alquiler con opción a compra al casero de la familia de Sole. En los primeros años de subarrendamiento, la familia de Sole pagaba 1.000 pesetas al mes por residir en la vivienda, mientras el casero pagaba solo 300 pesetas. «Para nosotros fue como un palacio», describe Sole —recordemos que pasaba a una casa de dos dormitorios después de compartir habitación con derecho a cocina y baño—. «Así que aceptamos, aunque el precio fuera un poco elevado». Sole y su hermana eran las encargadas de acercarles el dinero en mano cada mes. Hoy en día, llegamos fácilmente a la conclusión de que Sole y su familia terminaron pagándole el equivalente a tres pisos al propietario. Sin embargo, su heredero quiso echarla de esa casa, que resultaba más que rentable cincuenta años después, al ver cómo la burbuja inmobiliaria hinchaba los precios en las calles del barrio de Palomeras, «que antes eran de barro», como recuerda Sole.

En 2001, el casero intentó aumentar el alquiler y Sole, que nunca había aprendido a leer ni a escribir, acudió al Ayuntamiento para que revisaran el contrato y aquí la remitieron a la Cámara de Inquilinos[64], donde le ofrecieron un abogado de bajo coste. Fueron a juicio, ganó Sole y el aumento anual máximo se limitó al Índice de Precios de Consumo

---

63 Esta experiencia se repite en el relato de las compañeras argentinas de la Asamblea Feminista de las Villas 31 y 31 bis: «Tenemos un caso emblemático de una mujer que sufría violencia de género y justo en ese momento que estaban haciendo el relevamiento se va de su casa. Y ahí relevan a su exmarido en la vivienda y se la adjudican a él y ella se queda sin casa» (Grupo de Investigación e Intervención Feminista, 2020, p. 8).

64 Fundada en 1919, es una asociación sin ánimo de lucro que presta servicios al Ayuntamiento.

(el IPC). Cuando España implementó el euro en 2002, el alquiler mensual de Sole había subido a algo más de 100 euros y constaba como renta antigua[65]. En el año 2008, el casero la volvió a llevar a juicio por un fallo de forma: la subrogación del contrato, que debía haber pasado de la madre a Sole, no se había realizado por escrito. Sole perdió el juicio. Empezó a ponerse nerviosa por la situación y por su salud, que empeoraba. Su vida dio un vuelco cuando en el mismo año 2012 le diagnosticaron un cáncer de mama y el dueño la informó de que debía abandonar la vivienda, porque el nuevo titular de la propiedad —el nieto del dueño original— la necesitaba para uso personal, para hacer prácticas laborales. Así es como los caseros se aprovechan de la cláusula 9 de la ley de arrendamientos urbanos, que permite recuperar una vivienda alquilada para uso propio[66]. Sole empezó el tratamiento para el cáncer y acudió de nuevo a la Cámara de Inquilinos, donde le asignaron un nuevo abogado. Entre la enfermedad, los duros tratamientos y el maltrato por parte de su marido, Sole no estaba al tanto de la marcha del procedimiento jurídico. De manera repentina, en 2018, fue informada por el abogado de que ya no había nada que hacer. «Me decía que el caso estaba perdido; eso, nada más —dice Sole—. Así que me fui por ahí a buscarme la vida». Así encontró PAH Vallekas y empezó a asistir a las asambleas con todos sus papeles.

Sole solo sabía la fecha programada para el desalojo, pero no conocía la hora ni tenía el documento. Había sido informada por un trabajador de la oenegé Cáritas al que había llamado su abogado, un común teléfono escacharrado producido por las malas prácticas propias de algunos abogados de pobres y oenegés de intervención social. Hizo falta organizar un acompañamiento al despacho del abogado para que Sole pudiera recibir la orden judicial que dictaba su desahucio. Aquel verano, los dos primeros intentos de desahucio se pararon: el primero por fallo de forma en la orden judicial, el segundo por la movilización popular que formó el piquete Stop Desahucios en su puerta. Como siempre, usamos el tiempo ganado al parar los desalojos para presionar y negociar. Elaboramos un detallado informe para el Comité de Derechos Económicos, Sociales y Culturales (Comité DESC) de las Naciones Unidas[67]. Estudiaron el caso de Sole y concedieron las medidas cautelares apelando al juzgado responsable a paralizar de forma inmediata el desahucio de nuestra compañera. El abogado de la Cámara de Inquilinos se había esfumado diciendo que no iba a prestar más servicios a Sole y, cuando llegamos al tercer intento de desahucio, Sole seguía sin recibir ninguna notificación sobre su

---

65   La renta antigua o alquiler de renta antigua es una figura legislativa española que hace referencia a aquellos contratos de arrendamiento que entraron en vigor antes del 9 de mayo de 1985 y que a fecha del 1 de enero de 1995 aún estaban vigentes.

66   Véase Ley 29/1994, del 24 de noviembre, de arrendamientos urbanos, cláusula 9, párrafo 3.

67   Se trata de un comité independiente con sede en Ginebra. Está formado por 18 personas expertas encargadas de supervisar el cumplimiento del Pacto Internacional de Derechos Económicos, Sociales y Culturales (PI-DESC) del año 1976 y el protocolo añadido opcional que entró en vigor en 2013 en los países miembros, entre los que se encuentra España. En PAH Vallekas y otros grupos de lucha por la vivienda llevamos un tiempo incorporando este recurso a nuestras herramientas legales.

solicitud de justicia gratuita del Estado. Llegó el día del desahucio y, a pesar de que no se cumplía el derecho constitucional a la defensa jurídica y el informe del Comité DESC de la ONU respaldaba la paralización, la jueza seguía decidida a continuar con el lanzamiento. Ante la cerrazón de la jueza y dado que ya teníamos un plan B, Sole entregó las llaves para no alargar su calvario y se preparó a saltar a la red de apoyo mutuo.

Durante la campaña pública denunciamos desde PAH Vallekas la falta de protección a los derechos en la tercera edad. Las administraciones públicas, a las que PAH Vallekas había interpelado sin cesar durante la campaña previa al desahucio, habían propuesto que entrara a vivir en un centro de mayores, pero tenía que desprenderse de sus animales, que para ella son su familia: no era una opción. Sole no tenía buena relación con sus hermanas y sabía que los problemas de convivencia no tardarían en llegar si se mudaba con ellas. Y así fue como se instaló en una casa de la Obra Social de PAH Vallekas, convirtiéndose en la abuela de las vecinas que vivíamos en los pisos recuperados. Sigue acudiendo a los piquetes Stop Desahucios con su bastón, junto a sus compañeras, y a través del grupo ha tejido amistades que la hacen feliz. «Ahí en casa estaba sola, no tenía a nadie, solo a mis perros y mi gato —describe Sole—. Ahora estoy muy a gusto, estoy muy bien». Después de encontrar la calma en la nueva casa, Sole ha seguido luchando para mejorar su vida. Tal y como hemos contado, pudo divorciarse de su maltratador con la ayuda de sus compañeras. Ha seguido, también, reclamando que se revierta la orden judicial que le hizo perder su casa, ya que se basó en el habitual abuso inmobiliario de la cláusula 9 de la ley de arrendamientos urbanos. Tal y como todas intuíamos, se trataba de una infracción de ley: luego quedó demostrado que no se trataba de uso propio. A los pocos meses del desahucio, el piso de Sole ya estaba ofertado para alquiler o venta y, hablando con los vecinos, pudimos comprobar que había sido arrendado de nuevo. En 2020, Sole recibió una indemnización de menos de 500 euros por la infracción cometida por los dueños del piso. Esa cantidad, el equivalente a tres meses de alquiler de Sole, los propietarios la amortizarían en un solo mes con las rentas de los nuevos inquilinos. Así se cerró el capítulo más largo de la vida de Sole, pero, por suerte y gracias al arrope de las compañeras, era también el inicio de otro nuevo mucho más esperanzador.

Durante las primeras dos décadas del milenio, como hemos ido desgranando, la legislación que rige el mercado de vivienda en España ha seguido la tendencia global de ir hacia una mayor desregulación. Desde el punto de vista de nuestras experiencias vitales y nuestra lucha, fiar los precios, las condiciones y la consolidación de un sinfín de prácticas inmobiliarias a la «mano invisible del mercado» (esto es, a la connivencia de políticos, constructores, financieros e inversores) es directamente suicida. Como vemos claramente en la historia de Sole —y también en las de las otras compañeras—, carecer de derecho a la vivienda implica un enorme grado de desprotección para la vida misma y, en particular, para la vida de las mujeres. Cuando en 2020 llegó la pandemia de la

COVID-19, se puso en evidencia de una manera aún más incuestionable. Descubrimos que las lógicas del mercado aplicadas a la sanidad pública por parte del Estado neoliberal —la falta de inversión y la privatización— nos iban a costar una cuenta elevada de muertes cada día. Además, vimos que también otras instituciones públicas se mostraban sumamente incapaces de hacer frente a la crisis. A muchas no nos sorprendió, ya que llevamos OMS años denunciando la situación y peleando por revertir la tendencia, pero aun así dolió. Cuando llegó la pandemia, los servicios sociales cerraron sus puertas. Fue como si cerraran los bomberos cuando hay fuego. Repetimos, los servicios sociales estuvieron cerrados durante el confinamiento. No fue una prioridad inventar formas nuevas de prestar esa atención tan necesaria justo cuando la gente se quedaba sin ingresos ni para comer, muchas familias estaban encerradas en casas en malas condiciones y les niñes perdían los desayunos y comidas escolares (y la solución de la Comunidad de Madrid fue encargar a Telepizza el servicio durante el confinamiento), y por supuesto tenían que seguir el curso de forma telemática sin ordenadores. Algunas de nuestras compañeras, y muchísimas vecinas más, quedaron sin soporte alguno por parte de las administraciones públicas; basta recordar la historia de Once para imaginar a qué tipo de situaciones de violencia sobrevivieron algunas durante las semanas del confinamiento. La Organización Mundial de la Salud registró un aumento de 60 por ciento en las llamadas por violencia de género en los países europeos[68] y sabemos que esas cifras son solo la punta visible de un iceberg.

Muchas fueron despedidas con y sin prestación, otras sufrieron un ERTE (un paro temporal subvencionado) y otras más se quedaron sin la renta mínima de inserción (RMI) después de que el gobierno introdujera el ingreso mínimo vital (IMV); esta ayuda nueva se suponía mejor y más amplia, pero sustituía al RMI con poco margen para las solicitudes y sin una estructura capaz de gestionarlas, de forma que muchas familias se quedaron en un limbo burocrático. Varias siguen esperando hoy en día y durante las peores semanas de la crisis sanitaria muchas de las compañeras —como Angelina, Gicela y Aisha— dependieron del reparto de alimentos de emergencia organizado en La Villana de Vallekas, el centro social donde se reúne PAH Vallekas. El Ayuntamiento de Madrid intentó ponerse la medalla de estas despensas y repartos de alimentos al añadirlos en su listado oficial de recursos frente a la COVID-19. Solicitó también acceder a los datos de las vecinas que acudieron al reparto; para excluirlas de otro tipo de ayudas, todo en nombre de la justicia equitativa. La respuesta fue un «no» rotundo: ni funcionamos repartiendo la miseria ni ejercemos de policía. Quienes organizamos el reparto lo hicimos a sabiendas de que solo nos teníamos a nosotras, pero no por eso dejamos de clamar medidas protectoras de la vida por parte de las instituciones. Las medidas sociales son concedidas con cuentagotas, como a regañadientes, no quieren

---

68   Véase «OMS confirma aumento de violencia contra mujeres por cuarentenas», 8 de mayo de 2020: https://www.dw.com/es/oms-confirma-aumento-de-violencia-contra-mujeres-por-cuarentenas/a-53366780

soltar unos recursos que son nuestros derechos. «Tienen que esperar a que una llegue con un dolor tan grande para echarte una mano y cumplir con tus derechos como un ser humano —cuenta Gicela—. En mi caso, esperaron a que violaran a mi hija, a que yo me enfermase y a que muriera mi madre por el coronavirus antes de darme la renta mínima o los abonos de comida».

De la misma manera, la pandemia ha acentuado lo que ya sabíamos: que la vivienda es el lugar del cobijo, el cuidado y la mismísima salud. Gicela sigue: «En la pandemia estamos cinco o seis personas viviendo en casas pequeñas que apenas tienen habitaciones para aislarnos entre nosotras», describe. El gobierno de España reaccionó a la crisis de la vivienda profundizada por la pandemia con dos medidas: una moratoria de desahucios por impago de alquiler o de hipoteca y la creación de un esquema de préstamos para pagar el alquiler o la hipoteca avalados por el Estado. La moratoria de desahucios se comprobó insuficiente al poco tiempo, ya que quedaban fuera los desalojos de vivienda en precario, algo que se subsanó meses después. Por otro lado, la figura de un préstamo avalado por el Estado se basa en un obvio endeudamiento añadido y tan solo está posponiendo el problema de la falta de recursos que ocasiona la pandemia. En el momento de cerrar este texto, las moratorias se han extendido hasta el 9 de agosto y los propietarios calculan al menos 40.000 procesos de desahucio parados en el juzgado, que podrían ser muchos más. En el verano de 2020 se orquestó una enorme campaña mediática de miedo para deshumanizar a las personas que viven en pisos ocupados con noticias diarias de ocupaciones violentas, debates en todos los medios y anuncios de seguridad privada. Así se pavimenta el camino para legitimar la próxima oleada de desahucios: los desahuciados tienen que ser peligrosos y aprovechados para evitar que vuelva la solidaridad que se extendió desde el 15M de 2011.

Como hemos dicho, no todos los desalojos estaban cubiertos por las moratorias y fue Sareb, ese organismo avalado con dinero público, el que intentó echar a Mina y sus vecinas en plena pandemia. En la primavera de 2020, el gobierno había convertido en indefinido el tiempo de vida de Sareb (que se había fijado en 15 años, como señalamos antes)[69]. Esto significaba que Sareb, técnicamente en quiebra, pronto volvería a acudir al aval eterno del Estado, haciéndonos pagar de nuevo la factura que el sector inmobiliario, bancario y financiero pasaba a la sociedad. «Te echan a la calle, a pasar la pandemia y a morir debajo de un puente», resumió Gicela. Pero, gracias a PAH Vallekas, Mina y sus vecinas pudieron parar el primer intento de desahucio con un gran piquete Stop Desahucios. Sareb perdió la primera batalla y dio un paso atrás. Sin embargo, la propuesta que hizo a las vecinas tuvo su propia manera de violentarlas: exigió la entrega del bloque entero a cambio de dos pisos para las vecinas más vulnerables en otras ciudades.

---

69 Mediante el Real Decreto-Ley 6/2020, del 10 de marzo, «por el que se adoptan determinadas medidas urgentes en el ámbito económico y para la protección de la salud pública», se aprovechó la situación sanitaria para ampliar la actividad inmobiliaria de Sareb con carácter indefinido.

Así puso en marcha una de las formas más clásicas de la violencia capitalista: la división y el desplazamiento forzoso para «eliminar el control comunal de los medios de subsistencia» a través del acto de «desarraigar a los trabajadores del terreno en el que se ha construido su poder organizativo [para que] se vean obligados a trabajar y luchar en un entorno ajeno en el que ya no dispongan de las formas de resistencia que eran posibles en casa»[70]. Pero tanto Mina como sus vecinas rechazaron los realojos para seguir luchando por un acuerdo que incluya a todas.

Hilvanando estas historias, vemos cómo «en la pandemia, la vivienda es el epicentro de la estrategia de protección de la vida y a la vez de la explotación»[71]. También queda patente que podemos —y hemos aprendido a— intervenir para que la casa cumpla con los requisitos de la vida y no con los del capital. Podemos desobedecer, no pagar, recuperar, tomar y convertir en un recurso común lo que antes fue un objeto de especulación. Podemos proveernos de una red que se expande de una casa a la otra y responde cuando tiramos de la cuerda tanto para pedir socorro como para ofrecer lo que tenemos para compartir. Para seguir en ello, necesitamos tejer juntas, no aceptar cómo «el capital nos mantiene siempre en movimiento, nos separa de nuestros países, nuestras granjas, huertas, hogares y lugares de trabajo, porque así se garantizan los bajos salarios, la desorganización de la comunidad y la máxima vulnerabilidad frente a la ley, los tribunales y la policía»[72]. Para seguir debemos, en definitiva, no soltarnos.

13. RECOGIENDO HILOS SUELTOS

El confinamiento de 98 días que vivimos en nuestras casas implicó un parón drástico de la actividad económica. Sin quitar importancia a la violencia estructural que afloró a raíz de la pérdida de ingresos, el cierre de colegios y el encierro en viviendas de mala calidad, sin menospreciar por supuesto el dolor y el miedo que trajo la enfermedad, queremos dejar constancia de algunas cosas buenas.

Como mujeres, la pandemia y en concreto la cuarentena cambiaron nuestra percepción del tiempo: pese a todo, hubo días que nos devolvieron algo que había sido escaso, que casi dábamos por perdido. Nos obligó a cambiar de rutina y eso nos permitió pensar cómo queremos vivir, cuidar y cuidarnos. Nos unió entre mujeres que nos buscamos para sostener las muchas veces imposibles ecuaciones entre teletrabajo o servicios mínimos y cuidados y teleescuela de les niñes en casa. Hicimos más amistad con algunas compañeras de lucha y pudimos ser generosas entre nosotras. Nos enseñó a ofrecernos a compartir el luto, si bien estamos esperando aún que las compañeras que

---

70 Federici, 2020, p. 62.

71 Grupo de Investigación e Intervención Feminista, 2020, p. 4.

72 Federici, 2020, p. 63.

más han perdido nos hablen y las podamos escuchar como merecen ser escuchadas. Lo más importante, nos llevó a pensar formas concretas en las que organizar nuestro consumo básico y nuestra vida sin dejar atrás a nadie, para que el flujo del tiempo también cambie para las que antes pensaron que era inconcebible parar.

Nos ha permitido pensar qué temas feministas queremos abarcar juntas y en cuáles queremos profundizar. Nos ha recordado que no disponemos de suficientes conocimientos de los recursos existentes frente a la violencia machista y que todavía no hemos sido capaces de ofrecer una respuesta autoorganizada a la altura de nuestras necesidades y nuestros ideales. Nos ha hecho pensar en la necesidad de desnaturalizar los cuidados y pensar más en cómo caen en los hombros de las mujeres. El tiempo liberado para una misma de manera repentina ha hecho que algunas de las compañeras se dieran cuenta de que echan en falta información y educación sobre el deseo para poder vivir plenamente su sexualidad. Y, en general, *tener otro tiempo* ha puesto de sopetón sobre la mesa muchas cuestiones, dudas y aspiraciones relacionadas con el autocuidado y la disposición de una misma. En algunas ocasiones, la pandemia ha profundizado la sensación de asimetría entre algunas compañeras y ha resucitado la cuestión de la sostenibilidad de la alianza personal y política entre mujeres (que podemos llamar *sororidad, hermandad, amistad de género* o como nos guste): en ese sentido, quienes escribimos estas páginas nos agarramos al máximo de la feminista mexicana Raquel Gutiérrez Aguilar e intentamos *cultivar nuestras cercanías y gestionar nuestras distancias*. Para poder hacerlo, creemos que deben existir ciertos mínimos, como la *celebración de la diferencia,* en la que se basa nuestra riqueza como colectivo de mujeres. Por otro lado, vemos que el feminismo puede ofrecer herramientas importantes a la hora de lidiar con el *dilema de la sostenibilidad* de los grupos que forman la PAH y el resto del movimiento por la vivienda, como una estructura sindical y como comunidad en lucha[73]. Seguimos cosiendo, juntando estos conocimientos, para así fortalecer las costuras del cambio en nosotras mismas, en nuestra lucha y en la sociedad.

Cuando terminamos nuestra investigación a finales de 2020, Aisha seguía con su alquiler social en la misma casa y se enfrenta a la siguiente renovación en pocos meses. Libertad firmó su contrato con Bankia en enero de 2020. Los alquileres sociales de Gicela, al igual que los de Mina y sus vecinas, están aún por conquistarse, mientras todas ellas siguen viviendo y luchando por sus casas, haciendo de piedra en el zapato de Sareb. Carla comparte una vivienda alquilada a un particular con dos amigas con las que reparte los gastos en función a los ingresos de cada una, dando una vuelta de 180 grados a la lógica capitalista y practicando entre ellas la justicia social que les gustaría ver

---

73 A este respecto, véanse la conferencia de Raquel Gutiérrez en las jornadas «El sindicalismo feminista que viene»: https://www.youtube.com/watch?v=DSM21xI2wYo&list=PL2oqB3Djj_9XeqC6YBo0L05I5Q1xbXw DS&index=1 y La Laboratoria-Nodo Madrid (2021): «Claves del feminismo sindicalista para acciones colectivas», en *Pikara*, 14 de abril: https://www.pikaramagazine.com/2021/04/claves-del-feminismo-sindicalista-acciones-colectivas/

en el mundo. Angelina ha pintado de azul su casa recuperada a BBVA y está cogiendo fuerzas para luchar por un alquiler social que regularice su situación. Once comparte piso con un amigo. Sole, con sus perritas y su gato, ha hecho tan suya como es posible la casa en la que se instaló después de perder la que habitó la mayor parte de su vida. Las historias de estas compañeras, nuestras historias, son resultado de un impulso vital que entiende la casa ya no como una cárcel de las tareas domésticas, sino como el espacio en el que encontrar nuestros propios deseos y explayar nuestra expresión crea-tiva, una guarida para cuidar la vida en todas sus etapas y formas y —sobre todo— el lugar en y desde el que poner patas arriba al sistema que intenta dictar cómo debemos vivir y nos violenta a cada paso para hacernos obedecer.

«Juntas hemos comprendido que es nuestro derecho tener un lugar propio en el mundo, una vivienda y, dentro de ella, una vida digna y feliz en cualquiera de sus formatos, desde la soledad elegida, pasando por las familias tradicionales, monomarentales, extensas y arcoíris a las tribus de amigas», zanja el asunto Aisha. Y con esa determinación que la lucha ha bordado en nuestros cuerpos, las mujeres de PAH Vallekas seguimos estando para nosotras… hasta que caiga el patriarcado y no haya ni un desahucio más.

III. GUÍA DE PRÁCTICAS FEMINISTAS PARA QUIENES LUCHAN POR LA VIVIENDA

En esta última parte hemos recopilado algunas de las prácticas más importantes que han permitido florecer un feminismo situado y popular en el seno del movimiento por la vivienda digna y, en particular, en el grupo local de la Plataforma de Afectados por la Hipoteca del barrio de Vallekas (PAH Vallekas). Esperamos que tanto nuestros aprendizajes como fracasos, aquí reflejados, puedan servir a otros colectivos que necesitan que su lucha se empape de feminismo. No se trata de una guía para la lucha por la vivienda en sí (para eso ya disponemos del *Libro Verde de la PAH*[74]), sino de ideas para sostener la trama feminista dentro de ella. Hemos dividido la guía en dos partes: en la primera, herramientas, y en la segunda, algunos dispositivos que pueden servir de ejemplo.

HERRAMIENTAS

Las siguientes 17 prácticas nos han servido de herramientas en nuestra vida y nuestras luchas; en nuestros problemas relacionados con la violencia machista, ya sea física, psicológica, económica o estructural e institucional; y con el descubrimiento de la soro-ridad, amistad política entre mujeres. Nuestras fuentes han sido la experiencia propia colectiva, la creatividad que implica nombrar algo que antes no llevaba nombre y las conversaciones y relatos de nuestras compañeras de PAH Vallekas.

◼ ACOMPAÑAMIENTO

Me ayudan acompañándome en todo lo que necesito. Me acompañan al médico, al hospital, cuando estoy enferma y lo necesito. Cuando lo necesito llamo y vienen y me ayudan. En la PAH es donde más me han apoyado en toda mi vida.

Sole, 73 años

El acompañamiento es un compromiso entre la persona afectada por un problema y una o más compañeras que puede ser puntual o durar un tiempo más largo. Su

---

74   https://pahbarcelona.org/es/presentamos-el-nuevo-libro-verde-de-la-pah-actualizado/

objetivo es dar juntas un paso concreto o una serie de pasos en la lucha. En el *Libro Verde de la PAH* se describe el acompañamiento como la situación en la que las compañeras con más experiencia acuden a apoyar y a ayudar en la negociación con la entidad bancaria. Pero, como ya hemos contado, también se hacen muchos otros tipos de acompañamientos: para solicitar la inscripción en el padrón municipal y otros trámites, para entregar documentación y escritos en el banco o en el juzgado, para exigir nuestros expedientes en los servicios sociales, para las citaciones judiciales y las peticiones de justicia gratuita, para los primeros días y primeras noches en casas recuperadas, para aprender a acceder a recursos en Internet, para rellenar formularios y enviar solicitudes. Las mujeres del grupo, además, nos acompañamos también en muchas otras cosas, como las visitas al centro de salud o al hospital. Tenemos el reto de organizar acompañamientos en situaciones de violencia machista, querríamos poder hacerlo de una manera tan organizada como en otros contextos. Lo que dificulta esta tarea es que persiste la idea de que, aun cuando los problemas de vivienda se comparten como lucha colectiva, los relacionados con la pareja y la familia son asuntos privados. Para conseguir nuestro reto, hemos decidido recopilar los recursos existentes para hacer frente a las situaciones urgentes en el futuro. También queremos darle un empujón a nuestra organización en el grupo de Mujeres de PAH Vallekas para promover dinámicas colectivas, no personalistas, de asesoría y acompañamiento en temas de género.

▪ ALIADO

«Aliado» se dice de un hombre que se empeña en prácticas materiales y afectivas que sostienen la lucha feminista, liberando tiempo y fuerzas vitales de las mujeres de una manera que implica renunciar al reconocimiento público. Por un lado, se trata de hacerse cargo de tareas que por tradición se siguen adjudicando a las mujeres —cuidados a menores, mayores y dependientes, la comida, la limpieza, la planificación diaria del hogar y también de las tareas invisibles en el colectivo, apoyo emocional y reconocimiento del trabajo invisible de otras— y, simultáneamente, de dar un paso atrás en la visibilidad social. Por otro lado, un aliado debe asumir que, por el lugar que se le otorga en la sociedad patriarcal, disfruta de una serie de privilegios, quiera o no, y convertirse en aliado de la lucha feminista siempre pasa por reconocerlos. Pensamos que esto significa aumentar su capacidad de intervención en situaciones de violencia machista, en particular de una manera que se dirige al hombre o a los hombres que la ejercen —es decir, poner límites a sus iguales sin hacerse pasar por el salvador de la mujer—. También significa ser capaz de intervenir, digamos «cortar el rollo», a la hora de presenciar actitudes machistas estando entre hombres. Esto es clave para romper el pacto de silencio de la fraternidad patriarcal y promover una conciencia profeminista entre hombres. Por último, la denominación de «aliado» no se la puede conceder un hombre a sí mismo, solo se la pueden dar las compañeras. Para nosotras, las prácticas concretas más importantes en este sentido han sido los cuidados organizados durante las huelgas feministas el 8M, la Escuelita-Ludoteca que habitan les hijes de la asamblea y la activa búsqueda de mujeres portavoces por parte del grupo de comunicación de PAH Vallekas.

ALQUILER SOCIAL

Al contrario de lo que te querrían hacer creer los departamentos de responsabilidad social de muchos bancos, el alquiler social no es algo que se hayan inventado ellos, ni siquiera es una categoría judicial del Estado: es un concepto de lucha. Desde los primeros años de la crisis hipotecaria, el alquiler social es una de las principales reivindicaciones de las compañeras que pierden su casa por impago de la deuda hipotecaria, pues de otra manera se verían en la calle. Se trata de un alquiler cuya mensualidad se fija según los ingresos de la unidad familiar: preferiblemente, entre el 10 y el 20 por ciento, y en ningún caso por encima del 30 por ciento, que es el límite que maneja la ONU en su definición de alquiler abusivo. Hoy en día muchos de los alquileres sociales que firmamos con los bancos y otras entidades inmobiliarias provienen de recuperaciones de vivienda más que de un impago de hipoteca. Tal ha sido el efecto de esta propuesta en la sociedad que algunas entidades han creado ofertas propias nombradas como alquiler social. Ahora bien, estas ofertas se acercan a los precios de mercado, por lo que no cumplen los requisitos definidos por el movimiento por la vivienda y, muchas veces, incluyen cláusulas ilegales y abusivas. Seguimos luchando por definir lo que cuenta como alquiler social y lo que no, incluyendo nuevos objetivos de lucha, como el derecho al arraigo (véase «Arraigo» en p. 92) para que los alquileres sociales no se den fuera del entorno social de la persona o la familia. Un alquiler social cobra especial importancia para aquellas mujeres de nuestro grupo que son madres solas, jefas de familia o que viven solas y por lo tanto hacen frente a todos los gastos. Para ellas, un alquiler reducido y ajustado a sus ingresos implica una mejora sustancial de la calidad de vida, ya que aumenta la cantidad de recursos mensuales que pueden dedicar a otras necesidades y disminuye la dependencia del salario (por lo tanto, pueden elegir algo más el tipo de trabajo y horario) y la dependencia de la pareja. Un alquiler social aporta autonomía a todas las personas, pero a las mujeres especialmente.

APOYO MUTUO

Cada asesoría colectiva de PAH Vallekas empieza con una explicación: «No somos servicios sociales ni una oenegé, somos una comunidad en lucha y este es un espacio de apoyo mutuo». El apoyo mutuo es la base del trabajo de la PAH y el camino para resolver los problemas de vivienda —es el apoyo que cada una de nosotras prestamos al resto de las compañeras—. La práctica de acompañamiento es una de las formas de apoyo mutuo. Otras importantes son la asistencia a las asambleas generales y la asesoría colectiva —donde compartimos nuestros conocimientos—, la colaboración en las comisiones de trabajo y en la coordinación madrileña y estatal del movimiento por la vivienda, así como la organización y participación en acciones de denuncia y manifestaciones reivindicativas. Esto sucede en el grupo mixto. Las mujeres de PAH Vallekas a esto le añadimos lo que hemos descubierto gracias al efecto expansivo del apoyo mutuo: se empieza por compartir el problema de vivienda y se termina compartiendo muchas más partes de la vida. «Oye, voy a pegar carteles esta noche, ¿te quedas con mis hijos?». «Escucha, este fin de semana quiero ir a la asamblea estatal en Sevilla, ¿cuidas de mi perro mientras no esté?». «¿Comemos juntas hoy y así no cocinamos dos veces?». Y así con todo.

Ya había aprendido a defenderme y había ganado una voz. Ahora aprendí que podía usarla para iniciar una relación de acompañamiento en la que otra me apoya para poner límites y expresar mis exigencias

◼ ARRAIGO

Un hogar no es solo cuatro paredes y un techo. Un hogar lo hace el arraigo, lo hace tu barrio y lo hacen tus vecinas, tu médico de cabecera y el colegio de tus hijas. Un hogar es una historia, es donde creces, amas, enfermas y sanas, cuidas, discutes y te reconcilias. Un hogar es el barrio, son las vecinas, son las historias y los recuerdos, y sobre todo, un hogar es un derecho[75].

---

75 Vídeo de la campaña en defensa del bloque de Obra Social de la PAH Callejo, 13: https://www.youtube.com/watch?v=urmrW0Uclcs

En muchas historias de la lucha por la vivienda, sobre todo en las que se dan en casas recuperadas al banco, el realojo en otra vivienda es una de las posibles soluciones. En el inicio del recorrido de la PAH, se mantuvo el acuerdo de aceptar el realojo siempre y cuando eso facilitase la firma de un contrato de alquiler social. Ahora bien, hemos detectado que los bancos y las entidades inmobiliarias aprovechan el desarraigo generado a través de los realojos para dividir nuestras fuerzas. En los últimos años, los realojos ya no se ofrecen en la misma zona, sino en otros barrios o en otras ciudades del extrarradio de Madrid: aceptar este tipo de desplazamientos significa permitir que se deshaga el tejido social que hemos conseguido crear. Así que, cada vez más, defendemos que el sitio en el que se ubica la casa por la que luchamos no puede intercambiarse por cualquier otro. No solo luchamos por una casa así en abstracto, sino por nuestro hogar, inscrito en un lugar concreto en el mundo: el lugar que nos ha visto llorar y reír, el lugar de nuestra lucha.

SIEMBRA Y COSECHA FEMINISTA

Nombramos así la práctica de ir plantando semillas de pensamiento feminista y cultivar las prácticas clandestinas que entendemos como feministas sin esperar ver un efecto inmediato en nuestras compañeras. La idea de que «alguien se haga feminista» es demasiado abrupta y lineal para nuestras realidades: hemos visto que los procesos de cambio en ese sentido siempre son diferentes e incluso cada una tenemos nuestra manera de ser feminista una vez que nos declaramos como tal. A partir de ahí, pensamos que por donde vayamos sembramos semillas del feminismo que germinarán en el tiempo propio de cada cual; a veces los brotes salen rápido, otras necesitan meses o incluso años. Pero no nos resulta triste, porque así la cosecha feminista es continua y diversa, y nos nutre en todas las estaciones vitales. Sembramos feminismo en la lucha por la vivienda, pero también en otros ámbitos de nuestra vida: el familiar, el laboral y entre nuestras amistades.

DIGNIDAD

Dignidad no solo es luchar por algo en concreto,
sino luchar en todo momento.

Angelina, 40 años

La «dignidad» es un concepto complicado, porque se ha usado muchas veces para imponer valoraciones moralistas. Sin embargo, en la PAH el concepto se acuñó desde pronto en el conjunto «vivienda digna»: es una manera de decir a los banqueros que no vamos a bajar la cabeza y aceptar que nos echen de nuestra casa de forma sumisa. Es también una herramienta discursiva para la agitación. Promueve la idea de que para cobijarnos tampoco valen tan solo cuatro paredes: no es digno tener que habitar infraviviendas, asentamientos temporales sin los mínimos establecidos por la ley, viviendas que carecen de los suministros básicos de agua y luz o se encuentran en condiciones de insalubridad por humedades, derrumbamientos o plagas, tampoco vivir toda una familia hacinada en una habitación. Esta es la única alternativa que proponen muchas veces las administraciones y las oenegés: una habitación en un albergue temporal durante un mes, dos meses o tres meses para toda una familia; esto tampoco es una salida digna, solo retrasa el problema, o lo aumenta, porque, ante la presión que ejercen administraciones y oenegés para que la familia acepte la opción del albergue, esta abandona su vivienda, que en realidad es su única baza para negociar una mejora de sus condiciones (dación, alquiler social o al menos ahorrar unos meses para mudarse después).

Más tarde, gracias al florecimiento del feminismo en la PAH, nos hemos preguntado qué pasa cuando sí tienes una casa, pero tu vida dentro de ella se ha convertido en un infierno —y así, el concepto de «dignidad» ha crecido—. Ahora las mujeres de PAH Vallekas decimos que luchamos por una vida digna en una vivienda digna. Pero la dignidad no es algo que nos esté esperando a la vuelta de la esquina, cuando por fin consigamos nuestro objetivo. La lucha por un mundo en el que se cumpla el derecho a una vivienda ya produce dignidad en sí misma.

■ DIFERENCIA

Con la práctica de la diferencia nos referimos a una actitud de reconocer activamente y nombrar las diferencias entre quienes luchamos juntas: no como algo que nos perjudique o separe, sino algo que celebramos, porque sabemos que nos fortalece. En el colectivo nos juntamos personas con diferentes recorridos vitales, de las que algunas se definirían de clase media y otras han atravesado una vida de pobreza estructural muy dura; personas que se matricularon en la escuela de las calles y personas con estudios universitarios; personas que han nacido en España y personas migradas de casi todos los rincones del mundo; personas gitanas, negras, latinas, afrodescendientes y blancas; laicas y creyentes de diferentes religiones; personas con familia tradicional y otras monomarentales, familias extensas tradicionales y de nuevo tipo, y personas que han encontrado su familia en la lucha. Entre las mujeres de PAH Vallekas hemos buscado tiempo para nombrar y analizar estas diferencias más en profundidad, como si nos ofreciéramos de espejo: yo me ofrezco para que puedas reflejarte en mi modo de vida y en quien soy, y tú lo mismo; así podemos valorar nuestra vida y preguntarnos si queremos cambiarla, ya que hemos visto que no hay una sola manera de vivir.

■ DISPONIBILIDAD PARA EL CONFLICTO

La disponibilidad para el conflicto significa tener tiempo para hablar de los problemas. La práctica de estar disponibles para el conflicto se ejerce en dos niveles. Por un lado, en el nivel de nuestra lucha, que nace de un conflicto en concreto en torno a nuestra casa, ya sea con un banco, un fondo de inversión, una gestora inmobiliaria o un rentista; y de un conflicto, más general, entre el derecho a la vivienda y la especulación con ella como una mercancía. La disponibilidad para este conflicto es la lucha en sí: no estar disponible para este conflicto directamente significa renunciar a luchar.

Por otro lado, está el nivel de los conflictos internos del colectivo y los que se dan entre compañeras en otros ámbitos. A veces se trata de conflictos de carácter político que nacen de desacuerdos ideológicos y estratégicos, pero, gracias al enfoque práctico de PAH Vallekas, la mayoría de las veces son conflictos sobre recursos materiales y reparto de tareas. Para la resolución de estos, hace falta disponibilidad colectiva del grupo, pero sobre todo disponibilidad personal de quienes se ven involucrados. Si falta una u otra, es difícil avanzar hacia una solución.

Además, se dan a menudo conflictos entre integrantes del colectivo en torno a asuntos no estrictamente relacionados con la lucha por la vivienda. En estas situaciones, el grupo debe poner límites a su disponibilidad colectiva, trasladando así más o menos responsabilidad a las personas que se encuentran en conflicto. En la PAH tenemos mucha actividad por todos los desahucios pendientes y las campañas en marcha, y muchas tenemos responsabilidades de cuidados, así que tenemos un tiempo limitado. Cuando un conflicto entre dos personas —sea o no de la lucha por la vivienda— empieza a ocupar mucho tiempo de la asamblea, esta tiene que defender sus prioridades y crear otras formas de mediación que permitan que ese conflicto no encalle e impida avanzar a la lucha. Esto no es sencillo, pero es muy importante afrontarlo rápido.

Nos parece importante destacar que los límites de la disponibilidad colectiva se marcan en cada caso particular de manera diferente, valorando cómo puede afectar el conflicto al colectivo. En el grupo de las mujeres de PAH Vallekas, además, solemos entender muchos de los conflictos interpersonales como parte inseparable de nuestra lucha, porque sus últimas causas, a nivel estructural, responden a las opresiones intersectadas a las que nos enfrentamos. Por lo tanto, entre nosotras cultivamos una mayor disponibilidad que en el grupo mixto.

Sean cuales sean las conclusiones que saquemos en cada situación concreta, hemos aprendido que ningún conflicto se puede resolver sin reconocerlo, definirlo y preparar un plan que aproveche nuestros saberes compartidos: sin encontrar y atender la herida, no se puede curar.

◾ DISPOSICIÓN DE SÍ + AUTOCUIDADO

> Estuve en una depresión cuando entré en PAH Vallekas. Ahí descubrí que el cuidado de otras mujeres al grupo me lo tenía que aplicar a mí misma: sacar un cachito del pastel de las 24 horas diarias para mí, para escucharme a mí misma.
>
> Aisha, 40 años

Para nombrar una de las prácticas más difíciles de nombrar —porque muchas apenas la practicamos, ya que apenas sabemos lo que echamos en falta—, hemos cogido de prestado dos autoras feministas. Raquel Gutiérrez Aguilar dice que, como mujeres, necesitamos experimentar una «disposición de sí para desmontar los bloqueos e inhibiciones que se organizan como un malestar intangible y pegajoso»[76]. Disposición de sí significa tenerme para mí misma, da igual qué decida hacer. En una sociedad que nos ha enseñado a preguntar siempre cómo podemos servir a otros, el tiempo de la disposición de sí es tiempo que tengo solo para mí: no para el trabajo, el cuidado, les hijes, los hombres, a veces ni siquiera las amigas. Solo cuando conseguimos estar disponibles para nosotras mismas podemos ejercer lo que Audre Lorde llama autocuidado: «Me rebelo contra la aceptación de la impotencia y de todos los estados de mi ser que no son naturales en mí, que se me han impuesto, tales como la resignación, la desesperación, la humillación, la depresión, la autonegación»[77]. En la sociedad que nos intenta vender todo, es importante recordar que no se trata de «pasar de todo» o de dedicar un tiempo al consumo para una misma, no es despreocuparse de la complejidad de la vida ni algo que se pueda comprar: se trata del acto radical de estar para una misma sin juzgarse, de cuidarse sin sentimiento de culpa. Sin cultivar estas prácticas, sin arrebatar el tiempo que se nos sigue robando, difícilmente podemos generar cambios estructurales en la sociedad. ¡Cómo hacernos si no tenemos tiempo! Los ejemplos que surgen tienen que ver con decidir no hacer (no fregar, no barrer, dejar la casa patas arriba); lamerse las heridas sola (sin la dimensión performativa del dolor); practicar lo que nos haga gozar y nos envuelva en nuestro mundo interior (tocar instrumentos, escuchar música, bailar, darnos placer, hacer ejercicio, disfrutar del silencio, dar paseos en la naturaleza, leer, cantar); descansar y reponer fuerzas (cuidar la conexión entre las fuerzas físicas y psíquicas, dormir, comer bien y sano).

◾ ENCUENTROS DOMINGUEROS

Para la acción política es imprescindible juntarnos. Durante los primeros años de existencia del grupo de mujeres de PAH Vallekas nos costó mucho sacarles tiempo a las interminables tareas laborales y domésticas para podernos ver. Si bien nos

---

76 Gutiérrez Aguilar, 2015, p. 7: https://tintalimon.com.ar/public/chtyo8tijjjmcq3s9k1jbu4z3i99/pdf_978-987-3687-17-4.pdf

77 Lorde, 2009.

sigue costando vernos todas a la vez, desde hace tiempo venimos practicando el mejor formato que hemos encontrado: los encuentros domingueros. Quedar al mediodía del domingo en nuestro centro social permite combinar celebración y comilona con actividades feministas en forma de talleres formativos sobre temas que nos interesan o lúdicos, sencillamente para pasarlo bien. Tener dos partes de encuentro hace posible que quienes más dificultades tienen para liberar tiempo puedan acudir solo a la comida o solo a la actividad. Otras prácticas que facilitan la asistencia son: hablar de mujer a mujer, extender la invitación de manera personal a nuestras compañeras más amigas para animarlas a venir; quedar para ir juntas; organizar la comida a base de aportaciones de todas, lo que llamamos comida de traje —«Yo traje tortilla», «Yo traje ensalada», «Yo traje un arroz»…; si tenemos posibilidad de implicar a algún aliado en la organización de una ludoteca durante el encuentro, podemos facilitar la asistencia de compañeras monomarentales; aparte de la hora de la quedada, acordar también una hora de cierre de la actividad para que todas sepamos hasta cuándo nos comprometemos. Estos encuentros son la vía principal de organización de mujeres de PAH Vallekas y, como son el único espacio de encuentro presencial no mixto, es en ellos donde se construye la confianza necesaria para abrirnos a nuestras compañeras.

■ MALICIA FEMINISTA

Una de nuestras compañeras caribeñas nos contó que su abuela, descendiente de los pueblos originarios y de los esclavos de la diáspora africana, le inculcó desde pequeña la malicia indígena. De ahí hemos cogido prestado el concepto para convertirlo en malicia feminista, que, para nosotras, significa no fiarse a la primera, escuchar qué aconsejan el instinto y las otras mujeres. En particular, significa no dejar que los hombres nos vendan la moto, sea cual sea: el cuento del príncipe azul, el matrimonio dorado y la familia perfecta, aventuras económicas en forma de inversiones arriesgadas… son algunos ejemplos que hemos compartido. Además, diríamos que quien practica la malicia feminista sabe desconfiar de las mujeres que no conocen la sororidad, que aún sufren del machismo interiorizado y se prestan a la competición entre mujeres.

■ PEQUEÑAS VICTORIAS

Me siento en la puerta de mi casa, miro alrededor y me pregunto: «¿Quién iba a decir que en cuatro años he hecho todo esto?». Le doy gracias al feminismo, que me ha enseñado a ser independiente. Antes no sabía coger un taladro, ahora cojo un destornillador eléctrico para arreglar lo que sea. Ahora soy un abanico de muchas cosas. Eso lo he ido ganando desde que me separé, porque hasta entonces pensaba solo en lo que me habían enseñado: conseguir un marido y tenerle enamorado.

Ginger, 43 años

Llamamos pequeñas victorias a la práctica de celebrar los hitos de la lucha: los momentos importantes en los que hemos conseguido llegar a uno de los objetivos en el proceso que hemos iniciado para solucionar nuestros problemas de vivienda. Las pequeñas victorias se cuentan al inicio de cada asesoría colectiva en un punto especial del orden del día llamado «buenas noticias». Son desahucios parados, alquileres sociales firmados, daciones en pago, condonaciones de la deuda, recuperaciones de vivienda, juicios ganados y a veces algo tan pequeño como una entrega exitosa de documentación en un banco que solía rechazarla. A algunas de las mujeres de PAH Vallekas nos resuena con las ideas de las Mujeres de Milán, un grupo feminista italiano de los años setenta y ochenta: ellas dijeron que las mujeres no hemos hablado lo suficiente sobre nuestras ganas de ganar —y por no nombrar qué queríamos ganar en nuestra vida, no comprendíamos nuestro propio deseo vital—. Tener que decidirnos y nombrar nuestros objetivos, la lucha por la casa, nos ha ayudado a muchas de las compañeras también en otros terrenos de la vida. Comprobar que podemos conseguir grandes mejoras en nuestra vida, avanzando pasito a pasito, nos ha animado a ser más sistemáticas en nuestros planes. Y celebrar cada pequeña victoria conseguida a lo grande nos ha provisto de un ritual que nos da fuerzas para seguir adelante.

SÍ SE PUEDE

Sí se puede, porque, a pesar de todas las cosas que a una le han salido mal, aunque a todas nos han pasado cosas malas, me he dado cuenta de que una sí puede. Yo antes creía que sola no podía hacer nada, que no era capaz. Me he visto en la calle, he pasado por un desahucio, por una estafa y aquí estoy… Sí he podido y sí puedo.

Once, 28 años

«Sí se puede» como lema nació en 1972 de la imaginación de la sindicalista chicana Dolores Huerta, cofundadora de la UFW, organización sindical de trabajadores agrícolas en el sur de Estados Unidos[78]. Desde entonces, esta frase con una potencia transformadora comprobada ha atravesado fronteras y ha sido adoptada en múltiples luchas por los derechos humanos, sociales y laborales en todo el mundo. La PAH sintió el «Sí se puede» suyo y decidió hacer uso de él desde los principios del movimiento, primero para señalar que sí es posible cambiar la legislación hipotecaria y revertir la crisis del derecho a la vivienda —tan solo falta voluntad política—. En los años posteriores, el lema se convirtió en el hilo conductor mental compartido por quienes luchan juntas: recuerda una y otra vez que, en un mundo hostil e injusto, ponemos nuestro enfoque en lo que sí es posible —y así, las cosas que antes parecían imposibles poco a poco van entrando dentro de lo que vemos posible—. El «Sí se puede» está muy ligado con las pequeñas victorias: conduce a ellas y se nutre de ellas. Entre las mujeres de PAH Vallekas, el significado del «Sí se puede» va más allá de la lucha por la vivienda y, muchas veces, se le da la vuelta: «Yo SÍ puedo decir que NO». Nos capacita para poner límites, decidir lo que queremos e ir a por ello, ya sea en el ámbito familiar o el ámbito laboral. En este sentido, está muy ligado con la voz propia que ganamos en la lucha.

SORORIDAD

Para nosotras, «sororidad» significa solidaridad entre mujeres, especialmente en situaciones de violencia machista. Quien practica sororidad demuestra una actitud empática hacia otras mujeres, sin importar si estas son sus amigas o si desea que lo sean. Entre las mujeres de PAH Vallekas, hemos querido enfatizar que sororidad es saber que contamos con las compañeras independientemente de si somos compatibles como personas o no.

Nos preguntamos cómo despertar la sororidad. Una de las prácticas que puede despertarla es plantear una reflexión personal y colectiva sobre la competición entre mujeres. Esta rivalidad está en las antípodas del feminismo, ya que no nos

---

78 Más información sobre la UFW en «Unión de Campesinos», en *Wikipedia:* https://es.wikipedia.org/wiki/United_Farm_Workers_of_America

sirve a nosotras y nuestra lucha, sino al sistema que nos niega nuestros derechos. ¿Cómo ejercer la sororidad? Adoptar una actitud que busca entender, crear y mantener alianzas con otras mujeres para defendernos, particularmente en entornos mixtos.

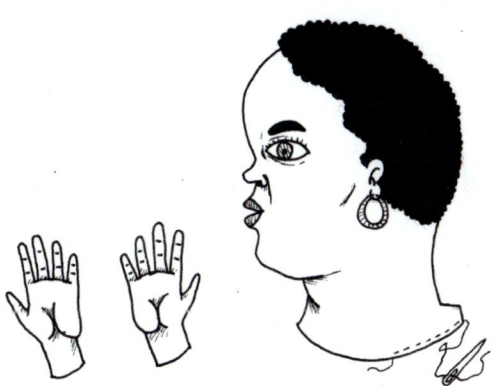

No estás sola. En la PAH nunca te quedarás en la calle

VECINDAD

La práctica de vecindad puede nacer de algo abstracto como ser del mismo barrio y reconocerlo como un vínculo o de algo tan concreto como es vivir en y luchar por el mismo edificio recuperado al banco. Tiende a empezar por lo pequeño y expandirse desde ahí a otros encuentros en el vecindario. Para nosotras significa buscar crear un lazo donde nos han enseñado que no existe nada que una nuestros proyectos vitales individuales: mi vida ya no es salir de casa para trabajar y volver para encerrarme en mis asuntos personales. Cuando hago vecindad, salgo a la calle, a la plaza; pregunto a mis vecinas cómo están, cómo les va a sus hijes en el colegio, cómo está la salud de sus padres mayores; observamos juntas cómo, a su vez, también les hijes hacen vecindad en sus juegos. Sin embargo, hacer vecindad no es lo mismo que el cotilleo o el chismorreo, de los que nos queremos más bien alejar, porque en vez de construir un vínculo sano tienden a producir tan solo un enganche tóxico que se rompe con el tiempo. Además, hacer vecindad implica aprender nuevas maneras de relacionarnos para apoyarnos sin abusar del vínculo. Como lo expresa Raquel Gutiérrez Aguilar: al hacer vecindad, aprendemos a cultivar la cercanía y gestionar las distancias.

■ VOZ PROPIA

> Cada vez tengo más conciencia de que soy mujer, migrante, negra, feminista. Gracias a PAH Vallekas —y si tengo que sacar el lado positivo al sufrimiento, gracias al sistema financiero opresor—, me he dado cuenta de que tengo que hacer valer mi voz de mujer, migrante, negra. Tiene que tener su propio eco. No tiene que ser una corriente que lleva a un río, sino que tiene que tener sus propios tonos, acordes.
>
> Aisha, 40 años

Muchas de las compañeras hemos llegado a la PAH casi sin poder hablar de lo que nos pasaba. Si bien la crisis de vivienda dificulta más aún expresarnos, sabemos que en ese «no poder» obran también otros elementos de nuestra historia personal. La inseguridad, la vergüenza, las ganas de esconderse y otros tantos sentimientos eran también síntomas de que la vida bajo el patriarcado nos había apagado la voz. No es por casualidad que en la PAH se exige que cada persona afectada se presente al llegar a la asesoría colectiva: poner en palabras lo que hasta ese momento hemos asumido como fracaso del proyecto vital personal es el primer paso hacia la lucha. Y una vez decides luchar, esa voz ya no queda dentro de ti, se va fortaleciendo con la ayuda de las compañeras para llegar a los oídos de los banqueros, funcionarios, jueces y políticos de turno. La voz propia que encontramos en la lucha es siempre coral, colectiva: enriquecida con las voces de las otras.

DISPOSITIVOS

En esta parte introducimos seis dispositivos —instrumentos de acción o espacios habilitados para un fin concreto— que pueden servir de ejemplo al diseñar el funcionamiento práctico de un grupo y, sobre todo, a la hora de valorarlo desde el punto de vista feminista. También contamos lo que no ha funcionado, para así animar a pensar e impulsar mejores dispositivos que no caigan en los mismos errores.

◼ ASAMBLEA GENERAL

La asamblea general de PAH Vallekas es el espacio en el que se coordinan las campañas públicas, se discuten las estrategias del movimiento y se reparten tareas importantes. Intentamos cumplir la duración máxima que hemos acordado, dos horas, lo cual es importante para respetar las diferentes necesidades familiares y laborales de sus integrantes; para eso es muy importante tener un orden del día realista y personas que introduzcan cada punto y sepan cuál es el objetivo del mismo (si hay que tomar decisiones, si queremos avanzar en una discusión…). En cada asamblea general hay dos tareas rotativas: la moderación y la toma del acta. Quien modera asume la responsabilidad sobre el flujo del debate (que no debería saltar de un asunto a otro, sino buscar que se resuelvan las cuestiones) y los turnos de palabra (que no deberían ser dominados por pocas personas, sino repartirse entre toda la gente presente). Quien toma el acta se responsabiliza de apuntar los acuerdos más importantes para trasladárselos a quienes han faltado ese día y poder consultarlos en el futuro, si hace falta. Siempre abrimos la asamblea con una «buena noticia»: un desahucio parado, la firma de un alquiler social… La cuenta la persona para la que es buena noticia y nos demuestra que *sí se puede* para tenerlo presente a lo largo de la asamblea. A veces alternamos semanalmente una asamblea-asesoría con una asamblea-organización, porque la asesoría muchas veces se come todo el tiempo de asamblea y no nos permite pensar campañas y estrategias a medio plazo. Durante la pandemia de COVID-19, nos hemos reunido online cada semana en una asamblea-asesoría y organizativa; ya hemos empezado a encontrarnos de nuevo en un parque. Vernos y pensar cara a cara, las conversaciones de después justo sobre lo que no es estrictamente lucha por la vivienda son muy importantes para sentirnos juntas además de sabernos juntas; pero seguramente no abandonaremos la retransmisión online, que también ha permitido estar atenta a mucha gente que por cuidados o trabajo no puede acudir en persona.

◼ ASESORÍA COLECTIVA

La asesoría colectiva de PAH Vallekas es el espacio en el que recibimos a las personas recién llegadas al grupo y nos prestamos a asesorar todos esos casos nuevos, así como los de nuestras compañeras más antiguas. A veces está dentro de la asamblea general semanal y otras se dedica un día concreto solo a asesoría. En cada asesoría colectiva hay seis tareas rotativas: moderación, toma del acta, presentación de la PAH, presentación de lucha hipotecaria, presentación de lucha inquilina y presentación de lucha en las viviendas en precario. Quienes moderan y toman acta tienen la misma función que en la asamblea general. Quien presenta a la PAH debe introducir nuestra lucha y funcionamiento a grandes rasgos para que las personas nuevas tengan una idea más clara sobre el espacio al que han llegado. Después de que las recién llegadas se presenten y cuenten su situación, se presentan los tres campos de lucha —hipotecaria, inquilina y vivienda en precario— para compartir los pasos principales típicos en cada una de estas tres situaciones. Después, las personas nuevas pueden hacer preguntas más detalladas para entender cómo actuar en su situación particular. Cuando la pandemia nos ha obligado a mudarnos a la videoconferencia, una persona permanecía de guardia en La Villana para la recepción de personas nuevas, para acogerlas y enseñarles cómo conectarse a la asesoría colectiva virtual.

◼ DESPENSA SOLIDARIA 2.0

Una de las dificultades más extendidas que acompañan a los problemas de vivienda es la pobreza alimentaria. Para garantizar el derecho a la alimentación, en paralelo con PAH Vallekas, nació en nuestro centro social La Villana de Vallekas la Despensa Solidaria como colectivo independiente. Sus integrantes se organizan semanalmente para acudir a las puertas de supermercados a recibir donaciones de alimentos y repartir información sobre la pobreza alimentaria y las luchas sociales en el barrio. Durante el confinamiento de la primavera del 2020, la necesidad de alimentación dio un vuelco en nuestro centro social y en todo el barrio. Después de los meses de reparto de alimentos de emergencia, nació Despensa Solidaria 2.0 para seguir trabajando la cuestión del derecho a la alimentación. Desde entonces ya no se trata solo de garantizar cualquier comida, sino de buscar maneras de acceder a una alimentación sana y diversa que cumpla en la medida de lo posible con los ideales de producción local ecológica. Para llevar a cabo semejante reto en condiciones de pocos recursos económicos disponibles, se han gestado alianzas con productores agroecológicos de las afueras de Madrid.

◼ LA ESCUELITA-LUDOTECA-CENADOR

Hace unos años nos dimos cuenta de que tener a les hijes en la asamblea con nosotras se había vuelto insostenible. Les peques jugaron a nuestros pies mientras intentábamos organizar los piquetes Stop Desahucios y las recuperaciones de vivienda vacía, pero el ruido era ensordecedor y les peques se aburrían. Todas teníamos los nervios aún más a flor de piel hablando de nuestros problemas, no podíamos concentrarnos y además estábamos dejando su bienestar al margen. Nos dijimos que les hijes forman parte de nuestra comunidad en lucha y merecen un espacio en el que relacionarse entre sí, en el que se les cuide desde el respeto y se les acompañe desde el conocimiento de la situación que estaban atravesando. Así, en 2017 pedimos ayuda y gente de nuestro centro social se unió a la Escuelita para dar apoyo escolar a peques de madres —y algún padre— implicadas en La Villana de Vallekas. La mayoría de las más de 40 personitas del primer curso eran peques de PAH Vallekas. En paralelo, también preparan una ludoteca para que les más peques tengan un espacio de juego y actividades organizadas en torno a temáticas de educación en igualdad y justicia social. Y cocinan para que, antes de irnos a casa, les niñes cenen rico todes juntes. Aparte de los contenidos que ofrecen, estos espacios son un lugar en el que les peques pueden desahogarse entre iguales compartiendo experiencias y sentimientos relacionados con el miedo a perder su hogar y todo lo que eso conlleva.

■ PAH ESCUCHA

La lucha por la vivienda está cargada de emoción. Los problemas de salud mental acompañan a la mayoría de nuestras compañeras y compañeros. Para hacer frente a la tensión de nuestra lucha, aceptamos en 2016 la propuesta de dos estudiantes de Psicología de dinamizar un espacio de apoyo mutuo emocional. Este espacio se organizaba una hora antes de cada asamblea o asesoría semanal. Servía para soltar sapos y culebras, para hablar de tus noches de insomnio y tus días de agobio, para aprender a escuchar a las demás y arroparlas sin condiciones… Un espacio en el que dejar al margen el lado económico y organizativo de nuestra lucha y dar rienda suelta a nuestros sentires. La única regla que se manejaba en PAH Escucha era: solo hablo de mí y de lo que me pasa a mí. Esto nos ha funcionado para no convertir ese espacio en un muro de quejas sobre los demás y un mentidero de sucesos que no conocemos a fondo.

■ WHATSAPP DE MUJERES DE PAH VALLEKAS

El colectivo Mujeres de PAH Vallekas tenemos un grupo de Whatsapp creado a inicios de 2018; es decir, un poco antes de la segunda huelga feminista convocada en Madrid. Si bien antes nos convocamos a encuentros de mujeres a través del grupo de Whatsapp general de PAH Vallekas, a partir de ese momento disponemos de nuestro propio espacio virtual. Hemos de decir que el grupo no es tan operativo como nos gustaría verlo en el futuro; de momento, aparte de las convocatorias a los encuentros domingueros, no le estamos dando otras funciones. Algunas veces sirve para pasar publicidad de negocios y actividades de nuestras amigas (uso sobre el que tenemos opiniones divergentes entre las compañeras). En el último año hemos puesto de manifiesto nuestro deseo de sistematizar lo que ya sabemos para organizarnos mejor: queremos recopilar información y recursos que nos sirvan a la hora de enfrentarnos a situaciones de violencia machista; queremos debatir y acordar juntas algunas pautas básicas sobre el acompañamiento feminista; queremos que los encuentros domingueros que planeamos y convocamos en el grupo crezcan, cojan un ritmo más regular y nos permitan seguir profundizando en el feminismo popular y antirracista que ya ejercemos en nuestra lucha, en nuestras casas y en nuestro barrio.

REFERENCIAS

Cavallero, Luci, y Verónica Gago (2019): *Una lectura feminista de la deuda*. Buenos Aires: Fundación Rosa Luxemburg: https://rosalux-ba.org/wp-content/uploads/2019/05/lectura-feminista-deuda-PANTALLAS.pdf

Cigarini, Lía (1996): *La política del deseo: la diferencia femenina se hace historia*. Barcelona: Icaria, colección Antrazyt.

Federici, Silvia (2020): *Reencantar el mundo. El feminismo y la política de los comunes*. Madrid: Traficantes de Sueños: https://www.traficantes.net/sites/default/files/pdfs/map60_Reencantar_interior_web.pdf

Gabarre, Manuel (2020): *Tocar fondo. La mano invisible detrás de la subida de alquiler*. Madrid: Traficantes de Sueños: https://www.traficantes.net/sites/default/files/pdfs/LEM10_fondos_web.pdf

Gago, Verónica (2019): *La potencia feminista. O el deseo de cambiarlo todo*. Buenos Aires/Madrid: Tinta Limón y Traficantes de Sueños: https://www.traficantes.net/sites/default/files/pdfs/TDS_map55_La%20potencia%20feminista_web.pdf

Galindo, María (2010): «Prólogo», en Graciela Toro Ibáñez: *La pobreza, un gran negocio: un análisis crítico sobre oenegés, microfinancieras y banca*. La Paz: Mujeres Creando.

Grupo de Investigación e Intervención Feminista (2020): *Deuda y violencia propietaria. Finanzas y luchas por la vivienda*, agosto: http://genero.institutos.filo.uba.ar/sites/genero.institutos.filo.uba.ar/files/Deuda%20y%20violencia%20propietaria.pdf

Gutiérrez Aguilar (2015): *Desandar el laberinto*. Buenos Aires: Tinta Limón: https://tinta-limon.com.ar/public/chtyo8tijjjmcq3s9k1jbu4z3i99/pdf_978-987-3687-17-4.pdf

Korol, Claudia (2017): «El feminismo compañero de las feministas compañeras», en Claudia Korol y Edda Gaviola: *A nuestras amigas. Sobre la amistad política entre mujeres*. [Buenos Aires]: Pensaré Cartoneras: https://issuu.com/pensarecartoneras/docs/a_nuestras_amigas?fbclid=IwAR1iXlAf19Q96IQoewzCx4ckExLj5lXyVEE-Z45cXhwrhMMHXgBvunSPfOM

Libro Verde de la PAH: https://pahbarcelona.org/es/presentamos-el-nuevo-libro-ver-de-de-la-pah-actualizado/

Lorde, Audre (2011): «My Words Will Be There», en *I am your sister. Collected and Unpublished Writings of Audre Lorde.* Nueva York: Oxford University Press USA.

— (2009): «Usos de lo erótico. La erótica como poder» [1978], en Rafael Manuel Mérida Jiménez: *Manifiestos gays, lesbianos y queer: testimonios de una lucha (1969-1994).* Barcelona: Icaria.

SOBRE LXS AUTORXS

MYRIAN ESPINOZA MINDA es una mujer ecuatoriana nacida en junio de 1980 en Otavalo (Imbabura). Fue la mayor de sus hermanas y desde pequeña demostró facilidad de palabra. Hablar en público nunca le asustó y, después de emigrar a España, se volcó en emplearse en lo que entendió que se le podía dar bien: hablar, comunicar, transmitir. Actualmente, lleva ocho años en la misma empresa ganándose el pan como teleoperadora. Forma parte de PAH Vallekas y más recientemente se ha integrado en el colectivo feminista de Mujeres de PAH Vallekas. Junto a su hija, intentan vivir en concordancia con sus convicciones e ideales de feminismo, justicia e igualdad.

LOTTA MERI PIRITA TENHUNEN nació en Finlandia poco antes de la caída del Muro de Berlín. Siempre quiso huir de aquel norte global y, después de algunas aventuras, fue adoptadx por el barrio de Vallekas precisamente en los años en los que la crisis de la deuda llegó al sur de Europa. Forma parte de PAH Vallekas y del colectivo feminista de Mujeres de PAH Vallekas. No tiene grandes aspiraciones profesionales, más allá de su necesidad de seguir escribiendo y desplegando nuevos vínculos con el mundo a través de la escritura. Lx enciendem la poesía de las disidencias, los encuentros pacientes entre diferentes, la ternura radical, los bosques policultivo y dormir bien.

COCO GUZMÁN es unx artista visual e ilustradorx que investiga los intersticios entre la experiencia del espacio, de la memoria y del deseo a través del dibujo y la instalación. Activista queer, no binarix y feminista, plasma muchas de esas experiencias personales en fanzines, ilustraciones y obras creadas in situ. Esta práctica del dibujo y de la narrativa visual sigue siendo fundamental en su obra, profundamente inspirada por valores del DIY y estéticas disidentes. El trabajo de Coco Guzmán ha sido expuesto en las Américas y en Europa; entre otros, en CentroCentro Madrid (España), la Bienal de La Habana (Cuba) y Encuentros (México).

Rosa-Luxemburg-Stiftung, **Oficina de Enlace de Madrid**
www.rosalux.es

Responsable legal de la publicación
Anna Schröder

Autorxs
Myrian Espinoza Minda
Lotta Meri Pirita Tenhunen
en conversación con el
Grupo de mujeres de PAH Vallekas

Acompañamiento y edición
La Laboratoria Madrid
RLS Madrid (Vera Bartolomé)

Corrección
Javier Olmos Sanz

Ilustraciones
Coco Guzmán

Maquetación
Taller de Traficantes de Sueños
a partir de HDMH sprl

Impreso en Madrid, octubre de 2021
Reimpreso en Madrid, julio de 2024
Esta publicación ha sido financiada por el Ministerio Federal
Alemán de Cooperación Económica y Desarrollo

ISBN: 978-84-19833-23-5
Depósito legal: M-17153-2024